高校英语课程思政教学与实践

周照兴 何 鹃 梁蔚菁 ◎ 著

中国书籍出版社
China Book Press

图书在版编目（CIP）数据

高校英语课程思政教学与实践 / 周照兴，何鹃，梁蔚菁著. -- 北京：中国书籍出版社，2023.11

ISBN 978-7-5068-9667-2

Ⅰ.①高… Ⅱ.①周…②何…③梁… Ⅲ.①英语—教学研究—高等学校②高等学校—思想政治教育—教学研究—中国 Ⅳ.① H319.3 ② G641

中国国家版本馆 CIP 数据核字（2023）第 229019 号

高校英语课程思政教学与实践
周照兴　何　鹃　梁蔚菁　著

图书策划	成晓春
责任编辑	毕　磊
封面设计	博健文化
责任印制	孙马飞　马　芝
出版发行	中国书籍出版社
地　　址	北京市丰台区三路居路 97 号（邮编：100073）
电　　话	（010）52257143（总编室）（010）52257140（发行部）
电子邮箱	eo@chinabp.com.cn
经　　销	全国新华书店
印　　刷	天津和萱印刷有限公司
开　　本	710 毫米 ×1000 毫米　1/16
字　　数	196 千字
印　　张	12.5
版　　次	2024 年 1 月第 1 版
印　　次	2024 年 1 月第 1 次印刷
书　　号	ISBN 978-7-5068-9667-2
定　　价	72.00 元

版权所有　翻印必究

前　言

习近平总书记曾经提出:"各门课都要守好一段渠、种好责任田,使各类课程与思想政治理论课同向同行,形成协同效应。"

推进高校思想政治教学改革,必须紧紧围绕"立德树人"的根本任务,积极发挥高校各学科具有的育人功能,运用各类教育元素,以形成育人合力,打破过往传统思想政治育人的局面,构建"同心圆"式的大思政育人新格局。自改革开放政策实施以来,我国与世界各国之间的交流合作更加密切,国际化进程呈纵深发展趋势。在此背景下,积极培养具有良好的口语沟通能力、适应国际发展形势要求的现代化人才,已经成为当前我国发展的内在需求。英语是各国开展国际交流合作使用频率最高的语言,也是我国高校课程设置体系中的重要组成部分。高校学生学习英语语言及其文化,可以相应延展自身的文化视野,认识了解并以宽容之心对待多元文化。但是,多元文化的传播与发展有利也有弊,由于部分高校学生未能形成正确的判断思维,不能在良莠不齐的多元文化中作出恰当的取舍和权衡,甚至还会受到与社会主义核心价值观相违背的文化的误导,这不仅对自身形成正确的人生观、价值观和世界观产生影响,还会给国家未来的健康发展带来危害。

基于此,深入推进高校英语"课程思政"体系建设,在高校英语课程和思政理论课程之间寻找最佳融合点,加深师生互动意识,将"课程思政"理念渗透至教育教学各个环节中,这既是巩固高校意识形态根基的战略保证,又是构建"全员育人、全方位育人、全过程育人"格局的必然要求。

本书共六章内容。第一章主要内容包括课程思政的概念及意义、课程思政的理论基础、课程思政与思政课程以及课程思政的方向和原则;第二章探讨课程思政建设的问题及实现路径,论述了课程思政建设的问题、课程思政建设的实现路径;第三章论述高校英语教育中的课程思政,介绍了高校英语课程思政的必要性和可行性、高校英语教育中推进课程思政建设的意义、课程思政背景下高校英语教学现状和高校英语课程思政教学改革措施;第四章探讨通用学术英语类课程思政建设与课堂教学实践,主要内容为通用学术英语类课程思政教学目标、策略与评价以及通用学术英语类课程思政教学设计案例；第五章探讨专门用途英语类课程思政建设与课堂教学实践，主要内容为专门用途英语类课程思政教学目标、策略与评价以及专门用途英语类课程思政教学设计案例；第六章介绍跨文化教育英语类课程思政建设与课堂教学实践，主要内容为跨文化教育英语类课程思政教学目标、策略与评价以及跨文化教育英语类课程思政教学设计案例。

  在撰写本书的过程中，作者得到了许多专家学者的帮助和指导，参考了大量的学术文献，在此对其著作者表示真诚的感谢。本书内容系统全面，论述条理清晰、深入浅出，但由于作者水平有限，书中难免会有疏漏之处，希望广大同行指正。

周照兴

2023 年 4 月

目　录

第一章　关于课程思政……………………………………………………………1
　　第一节　课程思政的概念及意义……………………………………………1
　　第二节　课程思政的理论基础………………………………………………8
　　第三节　课程思政与思政课程………………………………………………35
　　第四节　课程思政的方向和原则……………………………………………39

第二章　课程思政建设的问题及实现路径………………………………………46
　　第一节　课程思政建设的问题………………………………………………46
　　第二节　课程思政建设的实现路径…………………………………………59

第三章　高校英语教育中的课程思政……………………………………………79
　　第一节　高校英语课程思政的必要性和可行性……………………………79
　　第二节　高校英语教育中推进课程思政建设的意义………………………86
　　第三节　课程思政背景下高校英语教学现状………………………………89
　　第四节　高校英语课程思政教学改革措施…………………………………91

第四章　通用学术英语类课程思政建设与课堂教学实践………………………99
　　第一节　通用学术英语类课程思政教学目标、策略与评价………………99
　　第二节　通用学术英语类课程思政教学设计案例…………………………112

第五章 专门用途英语类课程思政建设与课堂教学实践……………………142
  第一节 专门用途英语类课程思政教学目标、策略与评价……………142
  第二节 专门用途英语类课程思政教学设计案例……………………157

第六章 跨文化教育英语类课程思政建设与课堂教学实践…………………173
  第一节 跨文化教育英语类课程思政教学目标、策略与评价…………173
  第二节 跨文化教育英语类课程思政教学设计案例……………………181

参考文献……………………………………………………………………………192

第一章　关于课程思政

课程思政涉及具体宏观的战略导向，需要从教育理念、课程体系、课程设计、课堂教学、教材建设及评价体系等方面考虑。本章主要从宏观角度概述课程思政的概念、意义，课程思政得以实施的理论基础，课程思政与思政课程之间的关系，以及课程思政的方向和原则。

第一节　课程思政的概念及意义

2017年12月，中共教育部党组印发《高校思想政治工作质量提升工程实施纲要》，其中明确指出"大力推动以'课程思政'为目标的课堂教学改革"，这是国家部门首次以政策文件的形式要求"课程思政"，即高校课堂教学改革必须坚持"课程思政"这一目标导向。从行为性质上看，"课程思政"属于"课堂教学改革"行为。因此，"课程思政"不同于以往的思想政治教育，它是由"教书""育人"共同结合而来的教学工作体系，属于课堂教学行为。

教育部《高等学校课程思政建设指导纲要》（2020版）明确指出，要在所有高校、所有学科全面推进课程思政建设，充分挖掘每门课程的思政资源，全方位、全过程地将思想政治教育贯穿课程教学的各个方面，以课程育人落实立德树人，培养新时代中国特色社会主义建设者和接班人。

当前，教育教学活动过程中实施的课程思政理念，已经与"立德树人""技能教育"等教育要求构建良好的衔接关系，由此成为教育教学任务得以实现的根本途径。

一、课程思政的概念

从"课程思政"的字面来看,分别是由"课程"与"思政"两个词组合而成。然而,从内涵上来理解,绝不是这两个概念的简单叠加。

在中国,"课程"一词最早出现唐宋年间。就目前的学界研究成果来看,"课程"一词最早出现在佛经翻译之中。唐代的注疏名家孔颖达在《五经正义》中为《诗经·小雅·巧言》中的"奕奕寝庙,君子作之"这句话作注时,提出了"以教护课程,必君子监之,乃得依法制也"①的说法,这里所提到的"课程"有按照一定的程式规则来授事办理的意思。在此后,"课程"一词频繁出现在宋、元、明、清各朝的史书中,但大多与税赋、课税、征税等说法相关。"课程"一词也多次出现在宋代朱熹的《朱子全书·论学》中,如"宽着期限,紧着课程""小立课程,大作工夫"②。可以看出,朱熹对于"课程"的理解表现为功课和进程。除了中国对"课程"的关注之外,西方也很早就提出了对"课程"的解释和界定。在西方,英国教育家斯宾塞的《什么知识最有价值?》一文中最早出现了"课程"一词。它源于拉丁语"Currere",意为"跑道"(Race-course)。从这个词源的角度来看,"课程"在多种英文词典中多被定义为"学习的进程"(Course of study),简称学程。依据字面的解释,"课程"也指学习者的学习路线和进程。由此可以看出,"课程"一词虽然由来已久,但是其内涵却因不同时代发展的需要而发生相应的变化。然而就目前的研究成果来看,学界始终没有对"课程"进行一个准确的定义。但课程研究者施良方指出,就目前来说对"课程"一词的涵义和用法进行明确的界定,并且为大家所认同和接受的,是不太现实的。他强调,"每一种课程定义都隐含着某种哲学假设和价值取向,隐含着某种意识形态以及对教育的某种信念,从而表明了这种课程定义最关注哪些方面。"③为此,他归纳了六种类型的课程定义:其一,课程即教学科目。从这个意义上来看,课程分为广义上的所有的学习科目和狭义上的某一种学科科目。其二,课程即有计划地教学活动。这表明课程是指教学要素其运动过程。其三,课程即预期学习结果。从这个意义上可以看出,课

---

① 李学勤.十三经注疏·毛诗正义[M].北京:北京大学出版社,1999:758.
② 朱杰人.朱子全书(第14册)[M].上海:上海古籍出版社,2002:318.
③ 施良方.课程理论[M].北京:教育科学出版社,1996:1-7.

程是达到预期学习结果的过程，强调学生学到什么。其四，课程即学习经验。这主要指学生实际学习活动中所体验到的意义，而不再是简单对学习内容进行呈现。其五，课程即社会文化的再生产。这主要指出课程是社会文化在学校生活的反映。最后，课程即社会改造。从这个意义上说，课程的目的不是为了使学生学习如何适应和顺从社会的发展，而是要使他们敢于运用所学的知识来推进社会的发展，进而改造社会。虽然，这些都没有从严格意义上对"课程"进行一个准确的定义，但是它有利于我们准确把握了"课程"的核心内涵。

"思政"是思想政治教育的简称。在我国"思想政治教育"概念源于"宣传工作"这一概念，后经历了多个相关术语演变而来，最终由中国共产党人提出。对于思想政治教育概念，马克思、恩格斯虽然没有进行明确的界定。但1847年，恩格斯在《共产主义者同盟章程》中明确提出要求其成员要"具有革命毅力并努力进行宣传工作"，这里"宣传工作"的概念构成了"思想政治教育"最初的含义。在此后的不同的历史时期，共产党人先后提出了"政治工作""政治教育工作""思想政治工作"等概念。虽然这些名称在不同时期的含义有所不同，强调的重点也有所不同，但在一定程度上发展并丰富了思想政治教育的内涵。伴随着我国教育的不断发展，在20世纪80年代，思想政治教育作为一门独立的学科被确立。与此同时，学界对于思想政治教育的研究也在不断深入，对于思想政治教育的内涵学者们见仁见智，分别提出了自己不同的看法。其中被大多数人认同的是陈万柏、张耀灿提出的"思想政治教育是指社会群体用一定的思想观念、政治观点、道德规范，对其成员施加有目的、有计划、有组织的影响，并促使其自主地接受这种影响，从而形成符合一定社会、一定阶级所需要的思想品德的社会实践活动。"[①]

通过以上对于"课程"与"思政"的分别论述，不难发现二者之间存在着诸多联系。思想政治教育作为一门独立的学科需要一系列的"课程"去开展和落实，同时相关课程的开设不单单是对于相关理论知识的传授，学习者可以学习到其他相关方面的经验。例如，教师在教学过程中流露的思想观念、教学内容中包含的世界观、人生观和价值观，这些都属于思想政治教育的范畴。为此，"课程"与"思政"的结合是当前我国教育发展必不可少的部分。此后，"思政"与"课程"通

---

① 陈万柏，张耀灿. 思想政治教育学原理[M]. 北京：高等教育出版社，2016：4.

过不断地结合，逐渐形成一套完整和相对稳定的课程体系，并且根据不同时期的需要作出相应的调整。在其中，"思政课程"经历了"85方案"的完善、"98方案"的"两课"课程体系设置，再到"05方案"提出对高校思想政治课程的设置进行了详细的规定。此后，思政课程也在不断地调整和完善。总的来说，"思政课程"是指高校"思政"与"课程"相结合，而形成的相对稳定的思想政治课程体系。然而，经过长时间的实践，不难发现"思政课程"在开展的过程中存在着一些不可忽视的问题。其中最为明显的莫过于思政课程与其他专业课程处于分裂的状态，致使思政教育与专业教学呈现"两张皮"的现象，而由此导致高校思想政治教育没有到达实际的目的和效果。为此，学界在中央精神的指导下，开始探索一种可以促使思想政治教育与其他专业课共同承担"立德树人"的育人职责的思想政治理论体系，在这种情况下"课程思政"应运而生。

"课程思政"的提出弥补了当前高校"思政课程"因唱"独角戏"而导致思想政治教育效能低下的困境，更好地挖掘专业课的育人资源和发挥育人功能，同时促进专业课与思政课协同育人。学者们也从不同的角度并且较为全面地对课程思政的内涵进行了阐释，具体表现为三个方面：其一，课程思政是一种教育方法。如高德毅认为课程思政是将思政教育融入高校其他专业课教学过程中，有效发挥专业课程育人功能的教育方法[1]。其二，课程思政是一种能力。如邱伟光以高校教师的角度对"课程思政"的内涵进行解释，认为课程思政是高校教师引导学生将所学专业知识转化为自己的能力与素质的一种个体认识世界与改造世界的基本能力[2]。其三，课程思政是一种格局。如陆道坤认为课程思政是高校思想政治理论课的"显性教育"与其他专业课的"隐性教育"共同构建全课程育人格局[3]。

通过上述分析可以得知，中西方学界虽未对"课程思政"作出统一定义，但对"课程思政"已取得一些共识，这主要体现在：一方面，"课程思政"并非"课程"和"思政"这两个概念的简单结合，而是有着自己的本质内涵；另一方面，"课

---

[1] 高德毅，宗爱东. 从思政课程到课程思政：从战略高度构建高校思想政治教育课程体系[J]. 中国高等教育，2017（01）：43-46.

[2] 邱伟光. 课程思政的价值意蕴与生成路径[J]. 思想理论教育，2017（07）：10-14.

[3] 陆道坤. 课程思政推行中若干核心问题及解决思路——基于专业课程思政的探讨[J]. 思想理论教育，2018（03）：64-69.

程思政"并非是在高校课程体系中新增设一门或者一类的具体的"课程思政"课程，以及组织开展一项"课程思政"活动，它是把思想政治教育纳入各专业课程之中，以此推动全课程、全员、全方位、全过程的新课程观发展。即便"课程思政"概念是建立在"思政课程"开展背景之上的，但"课程思政"与"思政课程"的内涵却存在根本差异，因而不能将其简单地理解为语序的重新组合。

总之，"课程思政"就是要求强化高校各门课程传授知识与思想政治教育的作用，各学科教师要肩负起"教书"和"育人"的职责，由此形成将思政教育贯穿各专业、各学科、各课程教学全过程的育人理念，最终实现由"专人育人"向"人人育人"的转变。

二、课程思政的意义

（一）顺应了中国特色社会主义新时代发展的需求

在新的时代发展背景下，面对新的任务和挑战，我国思想政治教育工作的主渠道与主阵地的地位再一次得到了彰显，这能满足现阶段社会多元化发展背景中对于全面发展综合性人才与高质量人才的需求。但是，基于复杂的原因，我国思政教育工作未能很好地开展。而"课程思政"教育理念提出后，高校可以重点培养学生德、智、体、美、劳等方面的综合素质，为社会输送综合性强、高素质的人才，不断实现高等教育"内涵式"发展的目标要求。

（二）明确了"课程思政"的内容和目标价值

贯彻落实"课程思政"教育理念，并不是要求课堂教学中不能出现一般道德层面的德育教育，而是将现阶段高等教育立德树人的根本任务作为课堂教学重点内容，即培养学生"坚决拥护党的领导"的政治意识、树立"社会主义事业接班人"的政治目标，并将"为谁培养人""培养什么人"的根本命题作为课堂教学价值追求，从而与"课程德育"理念区分开来。高等教育立德树人中的"德"，重在培养大学生的政治方向感；德育，泛指个人道德、职业道德和社会公德等。德育教育对于整个社会成员来说都具有教育意义，即德育教育中的"公德"和"私德",对于整个社会成员来说都具有普遍约束力,是一般性的道德要求。"课程思政"提出的"立德树人"要求,是以"公德"和"私德"为根基而形成的"大德",即不论是职业院校应用型人才,或是普通本科院校专业人才;不论是专科生、本科生,或是研究生,都需要具备一定的政治方向和政治品德,这就是"课程思政"最本质的内涵与价值意义所在。

(三)对教师的思想政治水平提出新要求

高等教育中的师德师风,即一般意义上的教师职业道德和个人品德。这就表明,传统意义上的师德只注重公共道德和私人道德(即"公德"和"私德")。尤其是在部分高等教育机构、部分具有高度实用性的行业专业中,部分师资队伍体系直接由社会从业人员构成,如医学和艺术等领域的专业。此外,许多高等教育机构的师资队伍中,不乏曾赴海外深造、从事教育工作的资深人士。因此,在我国当前的教育体系中,存在着大量"双肩挑"人员,他们由于缺乏教学经验,或是缺少教师职业培训经历,以及对教师职责理解不到位等,对"课程思政"教育理念产生误解,即认为只要在实施课程教学过程中,不发生教学事故,将专业知识讲解得更加清晰,注重教师形象,坚守师德底线,就是落实"课程思政"教育理念的表现。

确保"课程思政"教育理念得以落实,应强调将课堂教学与政治认同教育功能有机结合起来,始终坚持教师的"教书"与"育人"的双重职能。为此,高校教师既要在课堂上严谨认真、在教材中精益求精,又要在知识传授和知识运用方向上实现"无缝衔接"。因此,从思想上重视并强化课程思政建设工作,教师就要在维护和践行师德师风的前提下,通过学习政治理论知识和"课程思政"教育理念,坚持"党的领导"思想意识不动摇,坚决拥护党的政治道路和政治体制,做到身体力行、潜移默化地影响学生,实现"隐性"的课程思政教育。高校教师在不断学习和教学运用的过程中,不断提升自身的政治素养和育人能力,这是一个不断发展的动态过程。

(四)重新定义教学位置

高校开展英语课程教学活动,虽然为学生积累语言智慧提供了良好的机会,但是学生却尚未提高表达语言智慧的能力。因此,积极运用"课程思政"教育理论,不但能够有效调整教师的教学方向,而且还能够培养学生的能力发展方向。当前,针对以"德育教育"为核心的教学理念,"课程思政"教育理论指出学生的主观能动性作用,教师必须以此为要求,将外部环境、教学资源和学生意识有机融合,从而重新定义教学活动。而对于具有较高开放性的教学引导工作,教师则应该充分发挥自身引导优势,依据教学内容,对教学活动形成的基础作用加以巩固,并从中深入挖掘教学活动的育人功能,最终实现教学活动在育人方面的综合效应。最后,以"课程思政"理念为指引,教师尤其需要注重德育教育、技能教育和理论教育,确保理论与技能之间的无缝衔接。总之,"课程思政"教育理论将教师和学生这一相互独立的角色群体有机联系起来,这对于教学活动的开展具有积极的影响。

(五)教学经验的整合优化

传统的英语教学活动,认为课堂教学不过是"向前看"的过程,即注重学生学习成绩的未来发展趋势或变化,反而忽略帮助学生建构英语学科知识体系。于是,在教学活动深入开展过程中,学生所学的知识点就会渐渐被遗忘或难以有效应用。为更好地改善英语教学活动,教师必须根据思政课程的要求,发挥自身的管理职能,在现有的教学体系中寻找可用的教学经验,并将其与当前的教学经验进行对照,从而向学生提供新型的、有效的学习方法,并对旧有的知识进行重新梳理,利用最新的教学方法帮助学生解决学习难题。总之,在"课程思政"教育理念要求下,教师将教学经验融入教学活动过程中,并不断从中挖掘新的教学经验,可以实现与学生的积极互动,不断提升课堂教学质量。

第二节 课程思政的理论基础

一、系统协同教育论

教育是人类社会在特定时代的产物。随着社会的演进,新的教育发展阶段开始出现,新的教育理论应运而生。当代教育是当代社会呈现的新的教育发展阶段,而由此催生的新的教育学派——协同教育,正成为当代教育未来发展的方向。思政教育是我国精神文明建设的首要内容,是解决社会矛盾和问题的主要途径之一,是国家和社会教育的"风向标"。针对现阶段我国思想政治教育存在的相对疲软状况,当前我国的思想政治教育需要建立一种新的教学模式来适应后现代教育发展的要求。正是在这种背景下,"思政课学生主体实践型教学"模式应运而生。

(一)系统论基本原理

系统理论是研究系统的一般模式、结构和规律的学问,是在现代自然科学发展的基础上产生的新兴学科。系统理论在自然科学、技术研发和社会研究等不同领域中得到极为广泛的运用,并且取得了显著的实际效果。系统理论的核心理念在于将事物视为一个有机的整体,深入研究系统要素的有机组合形式,强调系统整体功能和效益的最大化发挥。系统观是辩证唯物主义世界观的基本观点,它作为马克思主义理论体系的重要组成部分,具有不可替代的重要性。尽管马克思主义的提出者并未将"系统"纳入原有的理论体系中,也未有专门的系统理论著作流传至今,但在马克思主义经典著作中,系统思想却呈现出极为丰富和深刻的价值。

1. 系统理论的内涵

在当今社会,人们对系统进行了广泛的研究,并得出数十种不同的定义,这些定义各有其特点、适用范围及局限性,如"系统是诸元素及其顺常行为的给定集合""系统是有组织的和被组织化的全体""系统是有联系的物质和过程的集合"等。这些定义虽然表述各异,但从马克思主义的基本立场出发,对现代系统理论的基本思想进行综合分析后就会发现:"系统",即由多个相互关联的要素按照一定的结构组成有机整体，并且这些要素必须具有特定的功能和作用。

对于"系统"定义的研究，其实是从系统、要素、结构和功能这四个层面进行界定的，它能够揭示要素与要素、要素与系统、系统与环境这三者之间的相互关系：首先，系统由多个要素构成。这些要素或是以个体的形式而存在，或是共同构成系统（或子系统）。其次，系统呈现出一定的组织架构特征。任何一个系统都是由一系列相互关联的要素按照一定的秩序、方式和比例组合而成的有机整体，这便是系统的组织架构。组成该系统的各要素之间又存在着相互依存、相互促进的关系，即具有整体性。第三，系统具备一定的功能与特性。所谓系统功能，是指带有一定的目的性，并且各要素在与外部环境相互作用的过程中所表现出的特性、能力和方向。

系统是事物存在和联系的形式，既没有无系统的事物，也不存在独立于事物之外的系统。任何事物既由其自身要素的有机联系和有序结构而自成系统，又与其他系统相互联系而互成系统。系统整体的性质和功能，不仅取决于内部的各个要素，而且取决于这些要素的结构与层次。

系统是多种多样的，可以根据不同标准划分系统的类型，按人类干预的情况可划分为自然系统、人工系统；按学科领域可划分为自然系统、社会系统和思维系统；按范围可划分为宏观系统、微观系统；按与环境的关系可划分为开放系统、封闭系统、孤立系统；按存在状态可划分为平衡系统、非平衡系统、近平衡系统、远平衡系统；按时间关系可划分为静态系统和动态系统；按客观实在性可划分为实体系统和概念系统；按规模可划分为小系统、大系统、超大系统，按复杂程度可划分为简单系统、复杂系统，等等。

2.系统理论的基本原则

（1）系统整体性原则

系统由多个要素构成，并且具有特定功能，是作为有机整体而存在。系统的整体性并非是将系统各要素简单机械地整合在一起，从系统论角度看，一旦系统整体形成，作为其子单元的各个要素便具备了独立于其他要素的性质和功能。它不仅能发挥自身特有的作用，而且对整个系统起着控制、协调和支配作用。系统所呈现的是客观事物的整体性质，然而它并非简单地等同于一个整体。系统所呈现的不仅仅是客观事物的整体，更是对整体与部分、整体与层次、整体与结构、整体与环境之间的相互关系的综合反映。从这个意义上讲，系统既不是一个孤立存在的实体，也不是一种静止不变的物质形态，因为系统的整体性特征是通过揭示其与要素、层次、结构和环境之间的相互关系而得出的。从这个意义上说，系统也可以看作一个由若干子系统构成的有机总体。系统的整体性是由一系列相互关联、相互作用的要素所构成的，这些要素在一定的组织结构基础上形成了一定的结构，从而形成了各个系统的整体性。系统论的核心原则在于确保系统的整体性。系统的整体性质和功能的发挥取决于所采用的构成要素以及它们之间的相互关系的安排方式。因此，人们在探究问题时，必须树立全局思维，将研究对象视为一个有机的整体，始终保持其高度的整体性。

（2）系统关联性原则

所谓系统的关联性，是指系统与系统要素、系统与子系统、系统与环境之间产生的联系。系统要素并非以单一形式而存在，各系统要素彼此间都会产生相应的联系，一旦某个系统要素发生变化，那么与其有关联的要素同样会发生改变。系统的关联性原则具体包含两方面：第一，各系统要素之间的相互联系与制约。第二，系统与环境之间的相互联系与制约。系统、要素与环境，这三者之间是存在紧密关系的。某一事物总在一定的系统中存在，因而也就充当了这个系统中的要素。而任何一个系统又都是构成其他较高一级系统的要素；反之，任何一个系统的要素又是较低一级的系统。对于一个特定系统而言，其他系统都是该系统存在的外部环境。由此可知，系统、要素与环境之间是存在紧密关系的，既互相联系又互相制约，既互相转化又互相关联。脱离了关联性，复杂系统的本质将无法得到揭示。

（3）系统开放性原则

所谓系统的开放性，是指系统对环境开放并不断与外界环境交换物质、能量和信息。系统对环境的开放，是其能够向上发展的先决条件和稳定生存的条件。系统并非孤立地存在，而是和它周围的环境产生关联。如若系统外部环境发生变化，则系统内部特性同样会发生改变，从而引起系统内各部分相互关系和功能的变化。事物在发展变化过程中都有内因和外因，内因为变化提供依据，外因为变化提供条件，外因又通过内因发挥作用。要使外因经过内因而发挥作用，就要求系统和环境（即内因和外因）发生联系和相互影响。在封闭系统中，系统和环境毫无关联，内因和外因就不能发生联系和相互影响。现实世界的体系是开放的，系统始终是在与同环境相互联系、相互作用，并通过同环境进行交换而使潜在可能性变为现实性（即生成实际存在着的事物）。正是通过开放，内因和外因之间相互影响、互相转化，从而实现了系统的量变和质变。起初，系统是由环境中引进某一变量而产生质变的，最终形成由量变到质变再到新量变的循环往复过程。

（4）系统层次性原则

所谓系统的层次性，是指系统在构成要素、结合方式等方面存在相应的差异，从而导致系统从地位到作用、从结构到功能都产生了等级秩序并呈现出质的等级区别。客观世界无穷大，系统层次更是无穷尽的。任何高层次系统都是由低层次系统组成的，高层次系统与低层次系统的关系表现为整体与局部的关系。高层次系统是一个整体，对低层次系统产生制约作用，同时具备低层次系统所不具备的特性。而低层次系统虽然属于构成高层次系统的子系统，受高层次系统制约，但低层次系统又具有一定的独立性。各系统要素若完全失去独立性，则系统整体将不复存在。从层次关系角度来讲，对系统进行层次区分只是相对而言的，各个层次的系统彼此间也存在着一定关系，即依次排列的两个层次的系统，它们之间是互相影响和互相制约的，并且会对其他层次系统产生协同作用。因此，不同层次的系统所发挥的功能也就存在层次性差异。

（5）系统目的性原则

所谓系统的目的性，是指一个系统的发展和变化不受或者较少受到条件变化影响，从而呈现出某种事先确定的倾向的性质。世界上有两种实体系统：一种是以矿物、植物、动物和其他自然物天然构成的自然系统；一种是人们为了实现特定目标，人为地建立起（或改造）的人造系统。通常情况下，并非所有系统的活动或行为都具有某种特定功能（旨在为实现某种特定目的），如太阳系或者特定的生物系统。而系统的目的性，主要就是指人造系统的目的性。人通过对系统要素、联系方式和系统运动设计进行选择，来体现其自身的特定意志，最终达到特定目的。系统的目的性是通过系统的发展变化而逐渐显现出来的。系统通过同环境进行物质、能量、信息等方面的交换，系统内部各要素会受到环境的影响，这种开放性特征使系统从某种意义上对环境进行识别，也就是要对现实环境作出调整和反馈，从而释放自身潜在的发展能力。如此循环往复的开放和交换过程，就会促使系统潜在的发展能力被开发出来，也使其目的性得到实现。

（6）系统动态性原则

系统的动态性是指任何系统都不是绝对静止的，总是不断发生变化甚至突变。系统的存在就是一个过程，总是处于无序与有序、平衡与非平衡的运动变化之中，都要经历一个发生、维持、消亡的不可逆的动态演化过程。系统结构就是系统在动态发展过程中外在演化的结果，任何系统的行为实践其实都是整个演化过程中的一个环节或阶段。系统既是功能实体，又是运动过程。系统内部各要素之间的相互作用、系统与环境之间的相互作用，都是一种运动过程。任何系统，其内部各要素的状态、功能以及系统外部环境的状态，都是不固定的。

（7）系统稳定性原则

所谓系统的稳定性，是指当系统受到外界影响时，它具有某种自我稳定和自我调节的能力，以维持并恢复其原有的有序状态、组织结构及整体功能。系统的稳定性表现为一种开放中的稳定性。开放是一个系统不断发展和变革的先决条件和稳定前提。系统的稳定性原则，不是简单地从稳定性角度出发谈稳定性问题，而是要抓住稳定和失稳这对矛盾中的稳定性问题。许多情况下，甚至当系统处于整体稳定状态时，系统内部也会出现局部失稳现象。这一初始的、单个部分的不稳定因素，在特定条件下被放大并超出了原情况下系统维持其稳定性的要求，即系统维持自身稳定的功能被打破，但又会推动系统向新的稳定态发展。据此，系统内部的不稳定因素其实是系统演化发展过程中的积极因素。概括来说，系统的稳定性反映为系统动态过程的稳定性。

（8）系统最优化原则

系统的最优化是指从多种可能的途径中，选择最优的系统方案，使系统处于最优状态，具有最优功能，达到最佳效果。这是系统理论的出发点和最终目的。最优化强调从整体出发，实现系统功能最大化，这是系统方法处理问题的重点，也是系统为目的性所驱使的一种固有规律性。它可以根据需要为系统确定最优目标，把整个系统逐级分成不同等级和层次结构，在动态中协调整体与部分的关系，使部分功能和目标服从系统整体的最佳目标，以便达到整体最佳。系统为了实现既定目标，必须具有对环境的适应能力、抗干扰能力、竞争能力、协调能力以及组织能力。这些能力的增强，表现为系统结构和功能的优化。系统优化既是实现系统目的的手段，又是实现系统目的的结果。任何系统都要在一定的时间和空间中，与环境交换物质、能量和信息，才能发挥其功能，达到预期目的，而物质、能量和信息是有限的。因此，在达到同样目的的前提下，具有最优利用率的系统显然具有更强的竞争能力和生存能力。系统优化的实质就是占用最小的空间和时间，充分利用信息，以最少的物质、能量消耗，最大限度地实现系统目标。

3. 系统论的意义

（1）系统论的理论意义

第一，系统论丰富和深化唯物辩证法。唯物辩证法是认识世界最重要的途径与方法。系统论使辩证法更加丰富，也使辩证法获得了一种综合研究的有效手段。系统论既为唯物辩证法中原因与结果、必然性与偶然性、整体与局部等范畴提供了全新的科学材料，又为唯物辩证法范畴体系的丰富与补充提供了诸多全新的研究内容。系统论蕴涵的矛盾关系及其辩证内容，成为哲学理论体系发展的重要导向，如系统论中的系统与要素、结构与功能、有序与无序、系统与环境、控制与反馈等内容。可以说，系统论是辩证法理论内容的延伸，二者存在紧密的联系性。虽然系统论不等同于唯物辩证法，但是系统论蕴涵的理论内容，的确成为唯物辩证法思想发展的基础，是对唯物辩证法思想的深化。具体来看，系统论将唯物辩证法中的联系与发展的思想、关于如何规定矛盾群体性质的思想、关于分析矛盾特殊性的思想等加以深化。实践证明，唯物辩证法已经成为一种科学的世界观与方法论，而要想继续发挥其指导作用，并充实现代科学理论，那么就应该积极选择系统中蕴涵的丰富的辩证内容和材料。

第二，系统论深刻地影响着人类的思维方式。在以往，人类研究问题时，通常是将（问题）整体细分为若干部分，然后从中罗列总结最简单的因素，最后用部分的结果去说明整体。这种解决问题的思维方式，采用的是单项因果决定论，最终将问题简单化，即部分才是问题研究的重点。虽然实践已经证明，该思维方式的确在特定范围内行之有效，但是这却无法真实地表明问题的整体性特征及内在本质。因此，该思维方式如果用于解决较为简单的问题，那么确实能产生一定作用，但是如果在研究复杂问题时，则无法有效解决。面对现代科学整体化、高度综合化的发展趋势，人类逐渐遇到更多大规模、高度复杂以及众多参数的问题，这就要求必须革新思维方式，构建新的理论方法体系。系统论及其系统分析方法，是从全局的角度研究现代复杂问题呈现的特征，成为人类解决复杂问题的有效思维方式。总之，系统论联合控制论、信息论，是人类思维方式发展变化的体现，符合现代科学发展的需求。

第三，系统论贯穿于各种科学方法中。若按科学研究方法、认识过程的功能进行划分，通常可以将系统论划分为两种类型：即确定目标的方法和实现目标的方法。其中，实现目标的方法具体又包括接受信息的方法和加工信息的方法。接受信息的方法，具体涵盖观察方法、实验方法、调查方法等；加工信息的方法，具体涵盖分析法、综合法、归纳法、演绎法等，从而在垂直方向上构成科学方法论体系。系统论是新兴的科学思想，它贯穿于各种科学方法中，并能发挥相应作用。尤其是在确定目标和实现目标这两个方面，系统论能够发展出新的理论方法。事实证明，系统论是对传统思维方式和研究方法的革新，它注重从系统整体和功能优化的角度对问题进行定量分析与处理，由此成为现代科学技术发展的方法论原则与程序。总之，系统论为现代科学方法论提供新的内容支撑。

（2）系统论的实践意义

第一，系统论的科学方法，能使人们更好地发挥组织管理的作用。近现代科学技术的发展证明，运用系统方法进行最优的决策与管理，使得重大科学技术工程的设计、制造不断取得成功。当前，系统的科学方法已被广泛运用于科技研发系统、军事指挥系统、空间技术系统、交通运输系统、社会科学研究等，发挥出巨大的效能。

第二，系统论的科学方法，能够让社会现象研究更有成效。相较于其他方法，系统论是将各种方法有机结合，并系统分析所要研究的客观现象，如对人类社会的研究。人类社会呈现的是相对复杂的物质系统，其包含生产力与生产关系、经济基础与上层建筑这两大基本要素。而在社会系统中，各基本要素和社会现象又是以独立系统形式存在的，同时彼此间又会产生相应联系，在此过程中就会产生新的系统。系统地分析人类社会客观进程以及它们之间的现象关系，是唯物史观在方法论方面提出的要求。例如，建设具有中国特色社会主义特征的事业，本身就是一项复杂的系统工程，这需要各地区、部门、企业等独立系统协同参与。在此过程中，各独立系统在系统总目标的制约下会彼此产生联系，以更加有效的方式发挥作用。这些都需要从系统论的角度出发，深化认识，推动实践发展。

第三，系统论的科学方法，可以使人类获得巨大的发展和进步。系统论是对现代科学发展趋势、现代社会化大生产特点、现代社会生活复杂性的具体反映，它成为现代科学发展的理论支撑和方法指导，可以有效解决现代社会中政治、经济、文化、军事、科学等方面的复杂问题，这也就说明，系统观念正在向各个领域渗透。现阶段，伴随系统科学的发展，国际学者通过综合各种系统理论，重点研究构建统一的系统科学体系的方法，为促进人类在各领域中的实践发展提供支持。

（二）协同教育理论

协同教育并不是纯粹的新生事物，它随着人类社会分工的出现而产生，并随着人类社会教育的发展而发展。当教育与技术从人们日常生活和经济社会的边缘逐渐成为核心，人们就越来越需要技术为社会教育提供更多的东西。作为教育的一个新的"软件"热点，"协同"被赋予了更丰富的含义，不仅包括最初的人与人之间的协作，也包括各种非传统系统、各种应用情境、各种社会资源之间的全方位的协同，所以协同教育的复杂性及其推动教育事业前进的高效性有一个"协同"本体和"协同"与"教育"的演进过程。

协同教育是当代教育也就是后现代教育的重要学派，代表着未来教育的前进方向。协同教育是协同学理论在教育领域应用而形成的新的教育理论。协同教育的重点是将学校、家庭和社会等教育力量有机结合，要求学校在协同教育过程中发挥好组织和主导的作用，从而实现三方力量协调同步发展。此外，协同教育更是对哲学、科学以及实践的结合、协调和同步。协同教育针对教育内容、教育形式和教育资源等都提出较高的要求，即要求教育内容具有科学性、教育形式具有可接受性、各种教育资源具有主动配合性。可见，协同教育成为新形势下衍生而来的时代精神，是对重要教育现象的概括和指导。

前现代教育将身份和单元严重分割，现代教育则仅注重科学性，而相较于上述两种教育，协同教育则是双"三位一体"的教育模式，即注重协调家庭、学校和社会的力量，以及同步发挥哲学、科学和实践的作用。双"三位一体"教育模式成为指导协同教育开展的依据，该教育模式要求在开展协同教育过程中，必须以哲学思维指导教育方向、以科学方法优化教育过程、以实践手段实现教育目标，通过家庭、学校和社会各子系统的全员参与，确保各教育要素之间的相互联系，从而促进某一系统独有的要素或信息进入另一系统，并与另一系统的要素产生联系和发生作用，最终形成协同效应。

从纵向来看，如果教育仅注重"家庭"发挥的力量，那么就会使教育产生狭隘、保守甚至是自负的负功能；如果教育仅注重"学校"发挥的力量，那么就会使教育产生危及社会发展、消磨学生个性的负功能；如果教育仅注重"社会"发挥的力量，那么就会使教育产生系统性缺乏、单体行为不稳的负功能。但是，在协同教育开展过程中，家庭、学校和社会并非是孤立存在的个体，而是开放的协同体，即纵向的"三位一体"。

从横向来看，如果教育仅注重"哲学"发挥的力量，那么就会使教育产生"空谈""虚无"的负功能；如果教育仅注重"科学"发挥的力量，那么就会使教育产生偏离实际、违背学科的负功能；如果教育仅注重"实践"发挥的力量，那么就会使教育产生效率低、程序复杂、扭曲人格的负功能。但是，在协同教育开展过程中，哲学、科学和实践同样不是孤立存在的个体，而是开放的协同体，即横向的"三位一体"。

从宏观来看，缺乏哲学理论思想的指导，所谓的纵向"三位一体"，其教育展开形式也就脱离原有"轨道"，不具备任何价值；缺乏科学技术的指导，所谓的纵向"三位一体"，其教育内在特征（即先进性和时代性）同样不复存在；缺乏实践过程的指导，所谓的纵向"三位一体"，其教育功能作用（即推动社会发展）也就随之削弱。

1. 协同教育的哲学观

协同教育哲学观的基本含义是"和谐共生,竞争有序,协同发展"。它反映了客观事物在时间节律和空间转换下的相互作用。"和谐""竞争"与"发展"是相互依存、互为存在、相辅相成、相克相生的。

(1)和谐共生。和谐是指矛盾的对立双方在事物的发展过程中,在一定条件下,相互作用、相互协调、相辅相成、共同发展的统一状态。面对多元文化发展的背景,对话交流才是解决思想固化或单一的主要渠道,对话交流的过程实际上是形成新思想的过程,而寻求对话交流也是在渴望赢得和谐共生。因此,家庭、学校、社会这三个子系统,需要彼此之间展开对话交流,从中获得各子系统不具备的要素(即薄弱环节),从而建立和谐共生的空间,通过合作达到协同发展的目的。同时,要把哲学、科学、实践教育融入家庭、学校和社会生活,以有机地结合三大子系统的教育,使三大教育子系统和谐共生。

(2)竞争有序。竞争是大自然存在的规律,根据生物学提供的内容,竞争是指两种及其以上的生物,为争夺资源而作出的生物反应。而在社会科学中,竞争则是指各社会单元为实现各自目标展开争夺社会资源的活动。竞争过程,反映为各系统之间相互联系和彼此作用的过程,竞争是各系统间实力的较量。通过竞争,各系统的生存状态可以趋于平衡。事物在和谐竞争中螺旋式上升,显现出开放与封闭、无序与有序、混沌与规律、耗散与凝聚、解放与规范、庞杂与优化、建构与解构、利己与利他、完美与残缺等状态与规律。认识这些状态,应用这些规律对教育有重要意义。

(3)协同发展。协同是自然的普遍属性。协同性是和谐性与竞争性的统一。从家庭作为社会基本单位、学校作为社会教育基本单位的关系中可以看出,社会教育不能脱离家庭教育与学校教育而存在。完善与健全社会教育,需要家庭教育与学校教育协同配合,如果离开家庭教育谈学校教育,那么学校教育在人性教育环节就会处于弱势,而如果离开学校教育谈社会教育,那么社会教育在系统教育环节就会处于弱势。总之,家庭教育、学校教育和社会教育三者应该协同发展。同时,必须借助哲学、科学与实践之间的配合。离开了哲学、科学与实践之间的协同作用,教育的智慧性和灵魂性也就相应缺乏。"发展"是自然运动变化的基本规律，是有机世界与无机世界协同运作的过程，是宏观与微观、精神与物质自然选择、自然许可的结果。发展是自然赋予万物的权利与使命，在利己与利他、和谐与竞争中进行。家庭教育批评学校教育不全面，未能关照孩子的每个成长环节，学校教育批评家庭教育未能履行家庭教育的基本功能，社会教育批评学校教育严重滞后，学校教育批评社会教育不为学校提供更多的社会资源。与此同时，在每一个环境和每一个子系统内部又存在着哲学、科学与实践的斗争。

2. 协同教育的实践观

协同教育的实践观——统筹优化，协同创新。教育实践作为巩固理论知识、验证理论指导实践有效性、培养具有创新意识高素质人才，以及实现理论与实践相结合的重要手段，是训练学生掌握科学方法、增强动手能力的重要渠道，能够帮助学生形成正确的价值观，并不断提升自身素养。

（1）统筹优化，即将共有的"教育资源"相统筹。实际上，"教育资源"统筹重在要求将家庭、学校、社会的教育要素加以整合，同时将家庭、学校、社会这三大系统中的能够实现教育目的要素加以整合，最终实现"1+1>2"的教育目的。"教育资源"中的"资源"，并非单指教育，还涉及人力、物质、社会和技术等。所谓的"统筹"，也不是仅对家庭、学校、社会这三大系统的统筹，还包括对人力、物质、社会和技术的资源统筹。

优化教育过程，即以优化教育过程为核心，最终实现协同教育。现阶段，协同教育并非仅涉及学生、教师这两种主体要素，还涉及家庭、用人单位、大众社会等多个要素。因此，协同教育属于多主体共同参与的活动。针对学科课程实施的主体教育，教师也不能仅采用模块化教学方式，而是要根据教学大纲规范，联系学生实际学情，同时分析家庭教育状况和用人单位知识技术需求状况、大众社会技术文化趋向等。总之，优化教育过程不能简单地将多学科知识贯通其间，而是要系统考虑各通道全面开放，构建以开放型知识沟通、技术联络、物质联合及思维重塑为特征的新的教育模式。

（2）协同创新。在协同教育实施过程中，既要构建"专业协同体"，又要构建"方位协同体"，这是为实现优势互补、分工协作、资源共享和协作共赢的目标而夯实"根基"。其中，"方位协同体"有两层含义，即"主体方位"和"功能方位"。所谓的"主体方位",具体涉及家庭、学校和社会这三方要素;所谓的"功能方位",具体涉及哲学、科学和实践这三种要素。学校负责指导各协同体展开定期学习、开放讨论、集思广益、互助互学等活动,进而实现协同进取,共同为协同教育作出贡献。之所以要求在哲学、科学与实践之间构建协同体,是因为各子系统有其独特的功能或价值,而各子系统组建的综合系统(即协同体)同样具有特定功能或相应价值,如在思想动员、哲学指导、科学规范、科技支持、实践驱动和实践检验等方面发挥的作用。

创新人才培养的基本途径在于净化思想、矫正观念、解放心灵、规范德行、启迪智慧和发展身心,而主要途径则在于呼吁家庭、依托学校和整合社会。其中,"净化思想""矫正观念"是要求所有参与者依据科学的方式找准定位,适时更新自身观念,形成清晰合理的逻辑思路,对现阶段的发展目标及潜在挑战有清晰地认知,强化自身认同感与责任感,并结合自身角色地位对教育运行实际状况进行通盘考虑,在制度层面、治本高度、体制机制完善、思想观念净化、价值观念矫正与整体素质提高上适应时代发展需求;"解放心灵"在于把人类从旧有的思想、观念、思维中解放出来,促使家庭、学校、社会或者个人在理想和现实之间产生动力,不断扩大创新的空间;"启迪智慧"就是要让家庭、学校、社会或者个人由封闭、平面线性知识结构向开放、复杂智力结构转变,在人类社会和自然环境中感悟"天人合一,道法自然"的哲学意蕴,不断培养自身的创新思维;"发展身心"就是要让教育者和被教育者以人为本,自发修身养性、强体静心,从中体会"身心合一,物神互补"的生活状态,做一个心胸宽广、积极进取、品德高尚、智慧出众的人。

二、学生主体教育论

随着社会发展的日新月异,当代大学生受到多元化的信息影响,在心理上呈现出更具时代特色的鲜明个性心理特征,成为更为复杂的受教育者群体。如何在新形势下更好地对大学生进行思政教育,是摆在教育工作者面前的一个重要课题。我国教育界在 20 世纪七八十年代提出主体教育理论,经过几十年的发展,已对当今的思政教育产生了重要影响。"主体教育论研究的主旨在于,寻求一种立足于时代特点和我国社会走向的以有效地实现马克思关于人的全面而自由发展思想的教育学理论。"① 主体教育是指在尊重学生主体地位的前提下，激发学生学习主动性和创造性的一种教育模式。深入研究和运用该理论对大学生进行思政教育，具有重要的现实意义。

（一）学生主体教育论的思想渊源

1. 主体及主体性探究

（1）古希腊与德国古典哲学的探索：主体及主体性的萌芽

处于本体论阶段的古希腊哲学提出"人是万物的尺度"，萌生了主体意识。中世纪的欧洲受到宗教神学的统治，主体意识受到了禁锢。文艺复兴促进了科学的发展，人们开始冲破宗教神学的束缚。"主体"一词由经院哲学发明，发展到"近代科学始祖"笛卡尔的"我思故我在"，人作为自主意识的"主体"地位开始确立。

德国古典哲学对"主体性"的解释实现了突破，超越了主客体的二元思维模式。康德提出"人为自然立法"②，把人作为中心和出发点，指出人是自然和自己的主人，进一步强调了人的"主体"地位。"历史上康德第一次深刻地揭示了主体的能动创造性，揭示了人的主体性问题。但是这一时期康德对于人这一主体的能动创造性尚有所保留，即还有不为人的理性所能认知的形而上学的存在。"③ 该阶段哲学注重"精神自由"和完善"内在自我"，从本体论的高度将人的"主体性"理解为通过人的精神逐步超越经验自我，进而实现从低级到高级的发展。

（2）马克思的唯物主义主体观

古希腊哲学、德国古典哲学对主体及主体性的概念有了一定认识，但不是辩证的、科学的认识。马克思从主体人的社会性、历史性、实践性角度对这一问题作了科学的解答。

马克思批判了黑格尔把人归结或等同于"自我意识"的神秘主义观点，认为人是对象性的存在物，是具有创造性实践能力的现实主体。正是在对象性的活动和关系中，才能确立人与周围世界的统一性和人对感性世界的主体地位，才能揭

---

① 王道俊，郭文安.教育学[M].北京：人民教育出版社，2005.
② 孔润年.伦理学基本问题新探[M].西安：陕西人民出版社，2008.
③ [德]黑格尔.哲学史讲演录（第4卷）[M].贺麟，王太庆译.北京：商务印书馆，1995.

示人作为自然存在物、有意识的存在物和类存在物在对象性实践活动中的有机统一。马克思通过批判黑格尔的唯心主义主体观，对主体是什么做了科学的界定。马克思又批判了费尔巴哈的旧唯物主义以非实践的方式去理解人的主体性。他指出："从前的一切唯物主义（包括费尔巴哈的唯物主义）的主要缺点是：对对象、现实、感性，只是从客体的或者直观的形式去理解，而不是把它们当作感性的人的活动，当作实践去理解，不是从主体方面去理解。"[①] 马克思把是否承认人的主体地位看作是新旧唯物主义的区别的一个重要标志。

（3）主体观在美国的发展：教育学家和心理学家的观点

西方教育学家、心理学家大都强调在教育过程中发挥受教育者个体的主体作用，强调个体自主的教育方法，该教育方法主要表现为个体参与、自由选择、相对主义等特征。其中，以美国教育家杜威提出的"儿童中心主义"教育原则最具代表性。他认为教育是促进儿童天生本能欲望生长的一个过程，提出了"学校即社会""教育即生活"的思想，主张通过让儿童参与实际的社会生活，在活动和交往中培养他们的道德品质，并由此反对传统教育对儿童道德的强制灌输。另外，美国心理学家科尔伯格的"道德讨论法""公正团体法"、美国心理学家贝克的"反省方法""问题中心法"、美国心理学家罗杰斯的"非指导性教育方法"、美国心理学家班杜拉的"观察学习法""自我强化法"等，都是以个体参与和自主活动方式来进行道德教育，促进道德发展，并且都强调道德教育的主体性。

（4）我国教育界早期对主体及主体性的研究

在我国，"主体"一词出现在刘佛年主编的《教育学》中，这一时期围绕教师主导、学生主体进行讨论，侧重于师生关系的探讨。20世纪80年代末期，学者们开始从教育主体性的角度研究学生的主体性问题。学者们主要从大学生主体性教育的意义、主体性培养、学生主体性构建、教师与学生主体关系等方面进行研究。一些学者认为，主体性的发展是大学生全面发展的基本前提，这就要靠思政教育来实现。另有学者认为，大学生主体性教育体现了高校思政教育的本质要求，从学生本位的角度确立思政教育的教育观和学生观，对提高高校思政教育的

---

① 中共中央马克思恩格斯列宁斯大林著作编译局. 马克思恩格斯选集（第1卷）[M]. 北京：人民出版社, 1995.

实效性具有重要意义。

2. 主体教育论的兴起

我国传统教育长期崇尚师道尊严，教师一直处于中心地位。中华人民共和国成立后，受前苏联教育思想和教育体制的影响，教师的核心地位和权威进一步被强化。20世纪70年代到90年代初，主体教育论开始兴起，给传统教育理念带来了极大的冲击，促进了教育的发展。

1978年和1979年，于光远先后发表两篇文章，提出了"教育是怎样一种社会现象"和"教育是属于基础的还是属于上层建筑"的问题，引发了关于教育本质的持久讨论。于光远把教育视为认识现象，提出教育过程是由教育者、受教育者、客观环境三者相互作用构成的"三角关系"，并提出"教育者是第一主体""受教育者当然是一个主体，但又是教育者施加影响的对象"等观点，为教育活动中教师与学生的主体性争论埋下了伏笔。

1979年9月，于光远进一步提出教育认识现象学中"三体问题"，认为认识过程的教育活动不是简单地处理"认识主体和认识客体之间的二体问题"，而是要处理教育者、受教育者和环境之间的"三体问题"。1981年，顾明远发表文章《学生既是教育的客体，又是教育的主体》，强调一般认识过程只有主体和客体两个要素，而教育过程有三个要素：教师、学生和认识对象。

于光远提出的"三体论"，其合理性在于突出了环境在教育中的影响。顾明远提出的"二体论"，遵循了哲学教科书上的观点，表示教师和学生是认识客观世界的主体；把师生之间和人与人之间的认识关系认定为互为主客体的关系，由此引发教育界对教育教学过程中师生地位和作用的争论。但"三体论"和"二体论"都单纯地将教育理解为认识现象，把师生的主体地位局限在认识论范围，忽视了教育的实践本质，忽视了在实践中师生的主体地位。更重要的是，这样的观点把教育区分为社会现象和认识现象，分割了教育的两种属性，忽视了人的认识过程和社会过程的共生性、镶嵌性和互动性，犯了方法论上的错误，导致师生主客体关系的争论最后陷入僵局，无法深入探讨。

关于在教育过程中的师生主客体关系的争论，形成了"学生唯一主体论""教师唯一主体论""师生双主体论"三种基本的观点。"双主体论"还分化为"主导主体说""主导主动说""轮流主客体说""双主体主从说""三体—双中心人物说""教育主体的滑移位错说""同时主客体说""交往的教育主体观"等不同观点。总体而言,这些讨论主要是在教学论领域和认识论范围内进行,并且主要侧重于师生关系的处理。

1989年,王道俊与郭文安发表了《让学生真正成为教育的主体》文章,从而使"师生主体性"的讨论走出了教学论与认识论的局限,从"原理的高度"与"实践的层面"两个方面推进了主体教育论的发展。1989年,扈中平在《教育研究》上发表文章《人是教育的出发点》,成为教育人学确立的宣言。在这篇文章中,他把人的问题摆在了教育的核心地位。

1990年,王道俊、郭文安发表《试论教育的主体性——兼谈教育、社会与人》的文章,成为主体教育理论从讨论"师生的主体性"转向"教育的主体性"的标志。这一转向的内在根据是教育的主体性是学生的主体性形成和确立的前提和基础。

主体教育理论的萌发在很大程度上是基于哲学界关于主体理论、实践唯物主义的启发,在初期也主要借用哲学词语来表达。我国教育学曾长期为机械论、工具论和无儿童论禁锢,需要以实践唯物主义和辩证思维主义取代无主体的历史观、无主体的人的发展观和形而上学思维方式,实现研究范式的转换。在时代剧变、社会转型的时期,只有立足新的生活基点,引用哲学研究新成果,摆脱传统教育观念与思维方式的束缚,把握新的教育观念与思维方式,才能在习以为常的教育现象中发现新问题,提出新见解,重新解读古今中外的教育文献,做出新的评价与取舍,对教育学原有的概念、范畴、命题、逻辑作出新的诠释、探讨,从而取得突破性进展。但是,教育的哲学探讨毕竟不能代替具体研究。随后,主体教育理论的实验研究也迅速展开,而且越来越深入。

学界把教育的主体性概括为三个方面:一是教育活动中人的主体性,二是教育活动自身的主体性,三是教育系统在社会结构中的主体性。

第一,教育活动中人的主体性一般被认为包括受教育者的主体性、教育者的主体性和决策者的主体性等三个方面。

第二,教育活动的主体性表现在三个方面。首先,教育是一种主体性活动,教育活动中的人是具有能动性的主体,人的能动性影响到教育活动自身的性质、特点与规律。其次，教育具有相对独立性。王策三指出，教育理论、教育实践和教育研究等处于被动和从属的地位，造成了教育主体性的失落，而主动适应社会，培养主体性的人，教育保持自身相对独立性的根本出路是坚持自身的规律和价值。教育的相对独立性不仅体现在教育对社会的适应和服务是主动的，有自主性、批判性和选择性的，而且还体现在教育规律的特殊性（异于自然规律的必然性与决定论）和价值调控的偏移性。最后，教育具有超越性。教育的超越性有两个相互联系的方面：一是指教育对受教育者现状的超越；二是指教育对社会现状的超越。

第三，教育系统的主体性是指教育事业管理（简称为"教育管理"）的主体性。教育管理是在教育过程的基础上建立起来的教育实践的宏观层次，教育系统的主体性涉及学校和政府的关系问题；涉及学校内部治理结构的改革问题；涉及学校能否和如何去行政化的问题；涉及教育在人事制度、行政管理和经费来源等方面的自主性问题。

教育主体性这一研究领域的扩展，说明研究"教育与人"的问题必然要涉及"社会"，进行微观教育改革必然要涉及中观教育改革与宏观教育改革。教育自身的相对独立性问题从而被凸显出来。在这一背景下，该研究领域的扩展具有很强的理论批判性和现实针对性。

在主体教育论的兴起阶段，教育研究的有关学者对主体教育的概念也进行了初步探索。张天宝在《学会生存》中强调，主体教育就是把教育对象变成自己教育自己的主体教育。桑新民在《呼唤新世纪的教育哲学》中提出，主体教育是直接以塑造和构建主体自身为对象的实践领域。

3. 主体教育论产生的必然性

主体教育论经过萌芽、成长、探索、争鸣、发展，逐渐成为一个对我国教育产生重大影响的教育理论，其产生具有一定的必然性。

（1）主体教育论是社会发展的必然要求

我国是一个教育历史悠久的国家，传统教育观在一定程度上促进了中国教育的发展。随着时代的发展，强调师道尊严、直接灌输的教育模式已经成为阻碍社会发展的顽石。遵循传统教育理念培养的人才更易因循守旧，缺少锐意创新精神。

学生在受教育过程中，独立个性和创造性受到限制。而现代社会更提倡人的全面发展，要求人们具备一定的创新能力，适应多元文化。在新的时代要求下，社会迫切需要教育培养出具有主体性和创造性的人才。教育的主要功能要适应社会的要求，培养具有一定主体性、创造性和全面发展的人才。主体教育理论在中国当代社会引起一场深刻的思想启蒙运动，让人们重新认识人、认识教育，并重新定位教育的本质。主体教育论的产生，适应了社会的发展。

（2）主体教育论是人的发展的本质要求

教育的出发点是培养人，学校的根本职能是培养人。进入21世纪后，国家的竞争更依赖人才的竞争，国家的发展更依赖人才的发展。高质量人才的培养、全面发展的人的培养呼唤更适合人的本性的教育理论。主体教育论"是对人的认识的深化，是对现代人的特性与使命的新发现，是对人的认识的根本变化或历史性的转折"[1]，主体教育论"以人为本"，重视受教育对象主体性的发挥，尊重受教育对象的身心发展规律。主体教育论的产生，为培养具有主体性、能动性、创造性和社会性的人提供了良好的理论指导，适应了人的发展的本质要求。

（3）主体教育论是教育发展的应然要求

受传统教育观念的影响，我国教育界长期受"社会决定教育，教育决定人"观念的影响。教育过程中，教育重知识传承，教师重讲授灌输，考核重智育发展，无视学生身心发展规律，把学生看作知识的接收器。在信息发展迅速、竞争日益激烈的今天，如何培养全面而自由发展的人，是教育发展的重大问题。主体教育理论重视学生在教育活动中的主体地位，充分发挥学生在教学过程中的主动性、能动性和创造性，适应了教育发展的要求。

（4）主体教育是提升思政教育改革成效的要求

我国一贯非常重视学生思政教育。在提升国民思想素质、增强民族凝聚力方面，思政教育具有极其重要的作用。但传统教育理念下的思政教育，因讲授灌输大行其道，导致课堂枯燥乏味，学生厌学现象比较严重。在新形势下，如何把握思政教育规律，掌握学生身心特点，成为影响思政教育改革成效提升的一个重要因素。主体教育论重视通过丰富多样的活动、创设民主平等的环境、营造和谐愉

---

[1] 王道俊，郭文安. 教育学[M]. 北京：人民教育出版社，2005.

悦的氛围来发展学生的主动性、自主性、创造性和社会性。在思政教育过程中，坚持主体教育理论的指导，极大地提升了教育成效，提高了学生的能力与素质。

（二）学生主体教育论的重要影响

近几十年来，学者和专家对教育界主体教育论进行了广泛的研究，对教育认识、教育理论和教学实践产生了极大的影响。

1. 改变了对传统教育的认识

传统教育无视学生的主体地位，把学生视为可任意加以改造的对象，并把教育作为社会的附庸，认为社会决定教育，教育决定人。这些观点在一定程度上促进了社会的发展。

但在现代社会，这些认识已成为阻碍社会和教育发展的绊脚石。主体教育论的出现，改变了人们对传统教育及教育关系的认识，使教育走向了科学发展的轨道。

（1）主题教育论推动人们对人的认识的转变

人是教育的出发点，对人的认识决定了教育的发展方向和教育效果，也影响着教育理论的产生和教育实践的进行。学校是教育人的场所，学生本应是学校教育的重心和主体，但在传统观念中，人们更重视社会群体，却忽视了知识缺乏、能力欠缺的学生的主体地位。

传统教育重视师道尊严，崇尚权威。在"严师出高徒"等传统观念的影响下，学生的主体地位得不到重视。到了近代教育，人们仍不能客观地认识人。他们对儿童缺乏科学的认识，忽视了受教育对象巨大的学习潜能和学习能力，导致传统教育过于看重书本，尊崇教师的权威，把学生看成需要严加管教的对象，从而在教学过程中强调机械灌输，无视学生的主观能动性，使得教学失去了生机。传统教育理念在西方经过文艺复兴、启蒙运动和资产阶级革命等洗礼，对儿童的消极认识有所削弱和改变。20世纪初，以杜威为代表的教育学家对传统教育中的学生观进行了彻底的批判。但由于传统观念根深蒂固，有关学生与教育的传统理念一直左右着我国的教育。

主体教育论的出现，促使人们重新审视学生在教育中的地位。主体教育思想在我国教育界的兴起，是一次深刻的思想启蒙运动，它帮助人们重新认识人，特别是重新认识青少年和儿童学生，真正认识到他们才是教育的主体、主人与重心。主体教育理论的兴起，使人们逐步认识到要培养具有能动性的社会主体，具有独立个性和主体性的现代人，必须从根本上改变传统受动的教育理念和模式为能动的教育理念和模式，最主要的是要坚持学生的主体地位与作用，呵护并激发学生能动性。主体教育论使人们认识到教育应尊重关爱学生，以学生为本，重视学生主体性、自主性、创造性和社会性的发挥，从而在认识上转变到以学生为中心的角度。

（2）主体教育论更新了传统教育对学生教育的认识

传统教育以教师为主体，以书本为中心，教师以讲授灌输为主，教师高高在上，学生被动地听记苦练。传统教育理念与模式重视社会传承，忽视学生身心发展；重视教师的讲授、训导与管束，忽视学生探究、经验改造与自我教育；重视教学、教育方法的研究与改进，忽视学习方法、自我修养的方法的研究与改进；重视权威、惯例、教参、标准答案等固定的结论，忽视学生个性化、多元化的领悟、做法与创新；重视考核、评价、奖惩等外部的刺激与激励，忽视学生的兴趣、快慰、成功的乐趣、理想的追求等内在的自觉与动力。在这样的教育理念下，学生成了墨守成规、人云亦云的缺乏创新和批判思维的被动知识接收器。

主体教育理论转变并更新了传统观念对学生教育的认识，使人们认识到要想培养具有主观能动性和创造性的现代人，必须从根本上转变传统的将学生视为知识的被动接受者的教育理念。在了解学生身心特点的基础上，尊重学生的主体地位，发展学生的能动性，培养学生的创造性，并在活动中发展学生的社会性。在主体教育论的影响下，许多老师深深地认识到必须了解儿童的天性，掌握儿童认识的特点，把儿童的生活情趣、冲动、疑惑与求知作为教育教学的宝贵资源和基础，朝着以儿童自身的冲动为起点，达到教学最高水平为目的的方向改革。教学过程中，教师讲、学生听的传统模式逐渐被新的教学理念和方法取代。教学过程中，重视发挥学生的主体性，充分调动学生的积极性，通过启发式教学，让学生参加丰富多样的活动，鼓励学生主动思考、合作探究、协作交流、集思广益地去获取知识。课堂不再是单调的教师一言堂，而是有了丰富多彩的多边互动模式。

师生关系平等，学生学习灵活，教育联系课外，学生自主学习加强。课堂上的教学理论联系实际教学，以人为本的理念得到了很好的体现。

（3）主体教育论转变了对人、教育与社会三者关系的认识

关于人、教育与社会三者的关系，传统教育一直认为社会决定教育、教育决定人，把教育视为提升社会经济发展水平的工具和政治管理的附庸，认为在这三者中，人是教育的产物，对教育对象的能动性一直不够重视。教育的相对独立性和自主性被压抑，教育的作用被限制，质量被影响，结果使人被工具化与物化，使教育对象亦步亦趋、不思创新与变革。

主体教育论重视人的主观能动性，以人为本，使人、教育和社会的单向的决定关系逐渐向良性发展方向转变。首先，学生成为教育的主体。他们积极主动融入课堂、合作探究、参与评价，与教师、同学积极互动。其次，教育的自主性逐渐提升，独立性日益彰显。在传统教育中，教育的作用主要是培养人来为社会服务，教育在人和社会间起着连接作用。但教育在其中没有自主性，只是被动地发挥作用。随着主体教育论的兴起，教育的自主性得到进一步发挥，教育行政部门和有关教学单位能自主地根据形势和任务创造性地做出一些决策和改革，以教促学、以教促研，形成教育的良性发展。

2. 丰富了教育理论

主体教育论既给人们带来新的认识，也给以往重视教师权威的教育理论打开了新的视野，从而丰富了教育理论，在提升教育效果的道路上迈出了重要一步。

（1）主体教育论更深入地研究了教育规律

宏观而言，教育学是以教育活动为研究对象，以揭示教育规律为宗旨的社会科学。教育学的发展关系人才的培养和综合国力的提升。著名哲学家李泽厚认为："教育学——研究人的全面生长和发展、形成和塑造的科学，可能成为未来社会最主要的中心学科。"[①] 但实际上，中国的教育学备受质疑、屡遭诟病，其原因在于崇尚国外理论、移植其他学科、脱离教育实践等。如何转变研究观念、尊重教育规律、走教育学中国化之路成为摆在教育学研究者面前亟待解决的问题。

主体教育论以解放教育对象为宗旨，是一种具有中国特色的教育学理论。通

---

① 李泽厚. 世纪新梦 [M]. 合肥：安徽文艺出版社，1998.

过理论联系实际，针对现存的教育弊病，主体教育论提出了一系列清新而实用的概念与命题，推动了教育学理论的中国化发展，出现了一系列原创性的教育理论，推动了教育改革，提升了教育质量，对教育规律作出了有益探索。

（2）主体教育论为教育改革奠定了坚实的理论基础

主体教育论从全新的视角诠释教师、学生的关系和特点，把学生从被动的接受地位转变到主动发展的健康轨道。教师、学生的独立性和创新性都得到了重视，教育给人耳目一新的感觉。同时，教育也从被束缚的状态之中解脱出来，独立性日益凸显。有学者强调，随着主体教育思想的传播，作为社会子系统的教育的相对独立性得到公认，教育行政部门和基层学校的自主性也切实得以确定与重视，他们均能审时度势，明确形势与任务，自主地、创造性地作出决策或改革，通过促进教学、科研、文明建设以至学校和教育事业的发展，以提高人的素质和人才质量，推动社会各个方面的改革与发展。还有学者认为教育主体性的提出，在深化教育本质探讨的同时，也改变了人们对人、教育、社会三者关系的认识，这为教育的相对独立性提供了更为坚实的理论基础，为现实教育改革的深化指明前进的方向。

3. 推动了教育实践的开展

教育是一个常谈常新的话题。主体教育理论的产生，推动了在教育界进行的一系列主体教育的实践和探索，为我国教育的实践提供了新的指导思想。教育实践关系国家、社会和个人的发展，因此探索教育实践具有重要意义。主体教育理论推动了教育实践的发展，给中国教育带来了全新的面貌，一系列教育改革在主体教育理论的指导下，硕果累累。但教育实践不是单个人的实践，尤其在当代，作为学校基层的班级教育活动属于群体活动，需要组织整个群体开展活动，群体成员相互配合才能取得良好的教育成效。整个学校乃至整个国家的教育，需要有周密的组织和规范的团队，通过人们之间的协作才能良好地开展一系列教育活动。主体教育论的提出，对于教育实践中教师与学生关系的健康发展具有重要意义。在主体教育论的指导下，新型民主合作的师生关系逐渐深入人心，人性化的教育和管理舒展了原来传统教育中被压抑的人性，教育的能动性更好地得到发挥，受教育者的创造性得到拓展和发展的空间。

长期以来，我国的教育在应试教育的影响下，其本质特征被异化。主体教育论的提出，为素质教育的开展提供了理论上的指导，推动教育实践进行不断革新。在应试教育中，唯分数为上，教师的教学时刻围绕着考试的指挥棒运转，学生成了考试机器，需要、天性和很多方面的潜力被压抑。虽然学生的应试技能不断提高，但整体素质的发展一直堪忧。针对应试教育的弊端，主体教育论提出学生是教育的主体，有其自身的特点，不应成为被动的知识的容器和考试的机器，要在教育过程中充分考虑学生的自主性、能动性和创造性。在此基础上，素质教育得到广大教育者和家长、社会的重视，成为一种教育理念，在全国范围内得到大力推行。原国家教育委员会于1997年发布《关于当前积极推进中小学实施素质教育的若干意见》，该文件强调素质教育是以提高民族素质为宗旨的教育。它是依据《中华人民共和国教育法》规定的国家教育方针，着眼于受教育者和社会长远发展的要求，以面向全体学生、全面提高学生的基本素质为根本宗旨，以注重培养受教育者的态度、能力，促进他们在德智体等方面生动、活泼、主动的发展为基本特征的教育。另有学者认为，素质教育的核心是把学生作为主体进行教育，以促进学生生动活泼的全面发展，成为有独立性、自主性和创造性的新一代国民。素质教育是主体教育理论指导下的一个丰硕成果，也为教育的发展提供了方向的指引。

在主体教育论的影响下，教学实践活动遍地开花，在全国各地各类学校教育中，主体性教学模式取得了丰硕的成果，对我国教学实践起到了良好的指导借鉴作用，具有十分重要的实践意义。

4. 促进了教育的改革创新

（1）推动了教育者和受教育者在教育过程中的创新

主体教育论的提出，对于受教育者、教育者和教育改革都有重要意义。首先，主体教育论指导下的教育很好地培养了受教育者的创新能力。主体教育论指导下的教育，重视教育主体性的发挥，其根本目的在于通过教育发挥受教育者的能动性、创造性。表现在教育活动过程中，教师围绕教育内容开展一系列教育活动，通过合作探究等一系列活动，启发学生去探索创新，使学生的创新性得到了发展。其次，教育者在主体教育理论的影响下，不断学习探索新的教育方法，研究受教育者的身心特征，促进教育方法的改革创新。

（2）影响了教育的改革创新

主体教育理论为基础教育课程改革提供了强有力的实践指导。在主体教育理论的指导下，20世纪90年代初，教育界进行了丰富多样的教育实践改革活动，有力地验证了主体教育理论对教育指导的重要性。2001年6月，教育部颁布了《基础教育课程改革纲要（试行）》，推动新一轮基础教育课程的运行。这次课程改革体现了主体教育理论的指导作用。钟启泉认为，"贯穿本轮课程改革的核心理念是：为了中华民族的复兴，为了每位学生的发展。"[①] 本次课程改革从传统的以知识掌握为课程价值取向转变为以学生发展为价值取向，突出了学生在学习中的主体作用。

首先，表现在推动教学方法的改革创新。"教育对学生身心发展起作用的机制是：通过作用于学生的活动而间接影响着学生的身心发展，即教育作用→学生的能动活动→学生的发展。教育对学生身心发展的作用一定要通过作用于学生的活动才能发生。""真正的教不是向学生直接传授、给予或灌输，而是激发、指导和帮助学生通过自己的活动去获得，真正的教育过程是通过教师的教引起学生能动地学。"[②] 主体性教育理论给予思政教育课教学改革新的启迪。在教学过程中，为革除传统灌输教学模式的弊端，老师可以采用主体性教学模式，通过丰富多样的教学活动来培养学生的团队精神及动手能力，通过学生感兴趣的热点、话题、案例等，吸引学生的注意力，激发学生参与教学活动的热情和创造性，达到传道授业解惑的目的，寓教于乐，启迪学生通过活动去获得知识，解决问题。

其次，表现在对人才素质培养方面的改革创新。随着国际化的到来、信息化社会的影响，我国目前需要培养大量的具有协同创新能力的人才。这种新型人才既要有丰富、合理的知识结构，又要有很强的动手能力和协同合作意识。因此，教育不能只教会学生知识，只让学生学会理解、归纳、演绎、推理和在头脑中加工创造，还要在各种各样的实际活动中培养学生的各种能力。虽然学习间接经验或书本知识对于人的素质发展是必要的，但不是充分的。在人的发展中间接经验

---

① 钟启泉. 新课程的理念与创新 [M]. 北京：高等教育出版社，2003.
② 王道俊，郭文安. 教育学 [M]. 北京：人民教育出版社，2005.

或书本知识只能起一种指导、借鉴作用，人的素质形成特别需要人在活动中形成自己的亲身感受、体验、领悟等。活动是个体发展得以实现的现实性因素和决定性因素。思政课教学改革需要建立在提升人才素质的理念基础上，采取灵活多样的活动形式，以学生主体心理特征为出发点，采用科学的教学模式，才能取得教改的丰硕成果。此外，知识的教育价值要经过学生的活动才能转化为学生的个性素质，而学生的活动需要教育活动的优化才能更好地提高学生的素质。教育活动优化需注意以下几个方面：第一，学生活动到位问题，即引导学生作为学习主体参与整个教育过程，使学生通过自己的主动学习活动达到促进个性素质发展的目的；第二，知识的教育价值的到位问题；第三，在学生教育活动中人际关系的主体地位到位问题。皮亚杰指出，肯定学生的主体地位，充分发挥其学习的能动性，与把学生置于消极被动的客体地位，压抑学生的学习能动性，是新旧教育观念和教育方法的分水岭。思政教育课教学可以联系实际，充分发挥学生学习的主动性，采用丰富多样的方式去发现问题、寻找解决问题的答案，在活动中引起同学们的情感共鸣、知识领悟、内心体验等。教师采用正面的引导，针对活动过程中出现的问题进行总结，从而使学生留下深刻的印象，潜移默化地影响着学生素质的提升。

三、布鲁姆教育目标分类理论

1956 年正式出版的《教育目标分类学第一分册：认知领域》中，布鲁姆专家团队将教育目标分为知识、理解、应用、分析、综合和评价六个层次[1]。经过四十多年的实践，其学生安德森于 2001 年对该理论进行了修订，将认知领域的教育目标分为两个维度，即知识维度和认知过程维度。在大学英语教学中，布鲁姆教育目标分类理论主要应用于阅读教学[2]。

首先，有助于改善大学英语教学设计。课程思政教育目标分别融入课前、课中和课后三个教学环节。以英语视听说课程中的英文短剧模块为例，该模块传统的教学设计为短剧介绍、学生分组选择剧本、教师点评剧本、学生排练及表演。

---

① ［美］布卢姆；罗黎辉译. 教育目标分类学；第 1 分册；认知领域 [M]. 上海：华东师范大学出版社，1986：8.
② 杨艳. 英语教学创新研究 [M]. 长春：吉林人民出版社，2019：164.

其中，教师点评更多关注语言表达及"演员"的现场表演。本研究应用布鲁姆教育目标分类理论，将该模块的教学设计改善如下。

（1）课前任务。学生自行查找和阅读作为东西方传统文化代表之一的 The Butterfly Lovers（《梁山伯与祝英台》）和 Snow White and the Seven Dwarfs（《白雪公主与七个小矮人》）相关资料，并观看教师提供的两部作品的短剧视频。

（2）课中任务。教师启发学生思考和讨论原著中东西方价值观的共性，如人们对美好生活的向往及与人相处时的友善等，并总结短剧改编的两种思路（忠实原文和适当改编）及短剧表演需做的准备。同时，引导学生思考短剧表演中可能遇到的问题及解决办法，如团队中相互配合、冲突时的适度妥协等。然后，根据课堂思考和讨论学生进行分组，选择或改编剧本，并分配角色。

（3）课后任务。学生准备服装、道具等，并根据教师点评过的剧本进行短剧排练，录制成果视频，最后撰写模块反思日志，总结本模块的收获、问题及建议。通过学生的反思日志，我们可以看出改善后的教学设计能够较好地实现本模块课程思政育人目标。几乎每个同学都在反思中认识到团队合作的重要性，并且增进了同学间友谊。正如一名同学在反思收获时写道："团队合作很重要。一个人可以走得很快，一群人可以走得很远。大家互相帮助，克服了时间、后期制作等困难。"

其次，有助于客观评价思政学习效果。以视听说课中英文展示模块为例，该模块要求学生每三人一组自选中国传统文化或社会热点领域某一话题，借助 PPT 辅助进行 8~10 分钟的英文展示。选题要有一定的社会意义或价值，充满正能量。比如，作者所教班级学生的选题分为传统文化类（如中国功夫、茶、剪纸、传统节日等）和社会热点类（如人工智能、5G"键盘侠"等）。学生选题后，教师进行思想上的引导。文化类展示主要介绍相关知识和历史发展（对应"识记"和"理解"），分析文化内涵（对应"分析"和"应用"），并最终落脚在如何传承中华优秀传统文化上（对应"评价"和"创造"）。社会热点类展示主要由介绍相关概念（对应"识记"和"理解"），分析社会应用或现象（对应"分析"和"应用"），评价与思考新事物对生活和社会发展的影响（对应"评价"和"创造"）等组成。结合本模块评分标准，该理论对评价学生每个层次的思政学习效果都提供了可操作的依据标准。

四、胡塞尔的相关理论

胡塞尔的"生活世界"与"科学世界"相对应，对"日常生活世界"进行论述，"生活世界"是可以被感知的、多彩的生活世界[①]。思想政治教育生活化也要立足于学生的生活世界，关注学生充满无限的可能性且具有教育意义的生活世界。在教育过程中不能只把理论知识的"条条框框"教授给学生，要想使学生健康成长就必须使教育立足于生活，关注生活，充分利用生活中多种资源，促进学生的全面发展。主体间的互识和共识两个方面决定了科学世界的"客观性"。

五、马克思主义关于人的全面发展理论

人的全面发展不仅仅是智力的发展，还包括人的体能、道德品质、自由个性、社会关系、志向与兴趣，以及各方面才能等全方位多角度的发展，重视人的发展的全面性和自主性及整体素质的提高，与高校课程思政教育理念相契合，为高校课程思政建设指明了方向。人的全面发展是国家公民整体素质的提升，是整个社会成员的共同发展。马克思在各个方面都非常重视教育对人全面发展的作用。"课程思政"以马克思主义基本观点为指导，向学生传授有关马克思主义理论及其中国化的成果，其本质目标是培养学生成为全面发展的现代职业人。由此可以看出，课程思政的教育目标与马克思关于人的全面发展的理论在本质上是一致的，后者构成了课程思政的内在理论基础和根本价值目标。"课程思政"是新时期教育思想的创新，从实践上解决了高校思政课和专业课显著分离的不良状况，实现"三全育人"的新格局，为国家培养更优秀的人才。

---

① [德]埃德蒙德·胡塞尔（Edmund Husserl）；倪梁康选编.胡塞尔选集上[M].上海：上海三联书店，1997：941.

第三节　课程思政与思政课程

一、课程思政与思政课程的区别

（一）学科归属与内容要求不同

与思政理论课程不同，课程思政涵盖众多学科，内容丰富多样。具体来看，课程思政涵盖自然科学、人文科学和社会科学这三大领域的学科内容。尽管思政理论课程在内容上与其他学科课程存在交叉点，但是它仍与课程思政有所区别，具体表现在学科归属方面。

现阶段，我国各高校开设的思政理论课程，应归属于马克思主义学科范畴，具有鲜明的显性教育特征，即显性思想教育。而与思政理论课程不同的是，课程思政涵盖的学科课程，更注重培养学生的应用型专业知识和专业技能，以较为"隐蔽"的方式方法开展思政教育，即隐性思想教育。因此，在学科归属方面，思政课程与课程思政是存在差异的。而从教学内容层面分析，思政课程与课程思政同样存在差异。一方面，高校思政理论课程教学内容由国家统一作出规定。各专业、年级应按照国家规定要求统一教授思政理论课程内容，高校学生必须研修思政理论课程内容，接受思政理论的"熏陶"和"洗礼"，教师要引导学生掌握思政理论课程中的社会主义核心价值体系内容。另一方面，不同地区的经济、教育和学校类型等因素，都会对除思政课程之外的学科产生影响，如对学科教学大纲、学科教材内容安排等，而这就会导致同一门学科课程存在多个教学版本的情况。

对于"大学英语"这一学科而言，其教材版本涵盖外研版、新人教以及牛津版等多种版本。其中，"新版"教材中除了《大学英语四 / 六级考试大纲》之外，还有很多内容都与思想政治理论课程相关，且有不少章节为单独设置。相对于思想政治理论课程而言，课程思政所牵涉的其他各类学科在教学大纲设计、教学内容安排与教学要求上呈现出更高的灵活性，并且在选修课方面能够更多地满足学生的需求，由此扩大学生的选择空间和范围。可见，这两者在"大学英语"教学内容的安排与要求上存在明显的差异。

(二)课程地位与功能不同

在我国不同的历史时期,思想政治教育一直占据着重要的地位,而课程思政则为高校实现"立德树人"任务提供有效指导,是高校开展育人工作的"主渠道"和"主阵地"。事实上,课程思政涵盖的专业课程,尤其注重培育学生的智力素养,也就是强调向学生传授基础的专业课程知识和技能,以促进学生自身的全面发展。因此,课程思政在塑造高校人才的过程中扮演着至关重要的角色。

从功能角度分析,课程思政与思政课程的区别在于:思政课程教学注重传播马克思主义理论和中国共产党的创新理论,在习近平新时代中国特色社会主义思想的指引下,发挥思政课程的铸魂育人功能,不仅帮助高校学生掌握科学理论知识,而且引导高校学生坚定理想信念追求,坚定"四个自信",形成正确的世界观、人生观和价值观,培育爱国情怀,以健康的心理和优良的品德成为社会主义接班人;课程思政教学注重传授专业知识和系统化技能,促进高校学生成长和成才,以"春风化雨"般的形式将学生的爱国情感、强国志向和报国情怀根植于发展中国特色社会主义事业、建设社会主义现代化强国和实现中华民族伟大复兴的目标中。如果概括来说,那么二者的本质功能区别就是:课程思政重在"树人"功能;思政课程重在"育才"功能。

二、课程思政与思政课程的联系

(一)育人方向上同向

育人方向保持同向,即要求课程思政和思政课程的教育方向相同,无论是"教书"还是"育人",都要保持相同的道路方向和目标方向。具体来看,课程思政和思政课程在育人指导方向保持一致性。高校各学科专业都将思政理论课程作为开展思政教育的主渠道,思政理论课程已经成为学生的公共必修课程,并且是传播高校马克思主义理论价值的重要标杆课程。而其他学科专业课程,虽然有各自的教育目标和任务,但是在开展课堂教学过程中,同样包含育人的导向。基于此,教师需要注重讲授专业理论与技能知识的方式方法,并将课程思政育人理念贯穿其间,坚持马克思主义的基本观点、立场和方法,向学生传播正确的思想价值观念和学科知识。其次，课程思政和思政课程在育人培养方向保持一致性。课程思政和思政课程旨在解决"培育什么样的人才"与"培养的服务对象是谁"的问题，各学科专业教师应该把握正确的育人方向，结合新时代的新思想与新要求，科学有效地培养社会主义接班人，自觉服从和服务于新时代的中国特色社会主义建设。在育人培养方向上保持一致，即要求坚定"道路自信、理论自信、制度自信、文化自信"，坚持以"立德树人"为根本要求，构建"以文育人，以文化人"的全课程育人格局。

（二）育人道路上同行

育人道路保持"同行"，即要求课程思政和思政课程共同形成相同的育人道路方向，坚持"五育并举"方向不动摇，以培养中国特色社会主义建设者和接班人。

育人道路"同行"，首先是指育人"步调"保持一致。课程思政与思政课程要形成共同的育人指导方向和目标，始终坚持"德智并举"。实施通识课程教学过程中，教育者既要精心传授专业知识，又要合理挖掘通识课程所蕴含的育人素材，更好地发挥通识课程为大学生思政教育提供知识涵养与学科支撑的功能。高校各学科专业课程都共同肩负着开展思政教育的任务，强化教师在学生德育教育中的地位，旨在使学生形成正确的思想道德价值观念和社会意识形态。除思政课程之外的学科课程，主要以传播学科专业理论知识与专业技能为主要任务，但是同样不能忽略"课程思政"的目标导向，即培育学生的思想价值观念和社会意识形态。由此，高校各类课程在实施"课程思政"过程中，应该与思政课程的行动步调保持一致，坚持知识教育和价值教育的统一，最终实现学生的全面发展。

育人道路"同行"，其次是指德业融合保持一致。为推动思政课程与课程思政保持相同的步调，思政课程应该以强化思政教育为根本任务，同时与其他专业课程的学科文化和背景相融合，挖掘其中含有的思想政治教育素材和资源。为此，教师既要将学科理论知识和专业技能培训作为主要教学任务，又要将育人导向（即形成正确的人生观、世界观和价值观）贯穿课堂教学过程。此外，教师应该具备挖掘学科文化蕴含的隐性教育资源的能力，并将隐性教育资源合理运用至课程育人教学环节，从而更好地提升学生的思想道德素养，形成正确的人格。思政理论课程同样蕴含丰富的教育资源，将这些教育资源加以整合就构成系统化的学科知识，而教师需要利用学科知识开展思想价值引领教学，强化对学生的思想政治素养教育，保证专业知识与价值观教育同向、步调一致。

育人道路"同行"，最后是指育人内在目标保持一致。知识是一股强大的力量，而人才则为未来发展提供无限可能。我国高等教育始终坚持人本导向，注重培育学生的综合素养，保证学生能够全面发展。无论是思政理论课程还是其他学科专业课程，都应基于人才培养目标导向，坚持课程育人教学目标，通过综合实施"五育并举"教育理念，使学生获得全面发展。从本质上来看，思政教育目标是思政教育活动的"指明灯"和"试金石"，开展思政教育活动必须以思政教育目标为前提，而"课程思政"则是推动高校思政教育不断深入发展的关键所在，是构建高校"三全育人"格局的重要路径。尽管课程思政与思政课程在学科特点、学科背景、育人导向方面存在差异，但是二者都始终坚持将育人目标贯穿教学全过程。因此，高校应该坚持促进学生全面发展的理念，不断培育新时代人才。

（三）内容上相对独立

在全面贯彻思政教育理念、构建课程思政"三全育人"体系的过程中，高校教育教学管理者必须合理区分课程思政与思政课程的差异，即二者分属不同的课程体系。实施课程思政，并非是要求各类课程体现思政课程的教育教学宗旨、目标、理念、任务等，而是要求各类课程在开展教育教学活动过程中，将思想价值引领贯穿其间。思政课程属于独立的理论课程，该课程具体承担思政育人的职责；而其他课程的职责在于向学生传授理论知识和专业技能，但这并不意味着其他课程不再承担道德教育和价值引领的职责。事实上，无论是专业课程还是公共基础课程，都不可能完全取代或者代替思政课程。课程思政与思政课程既有共性又有差异，二者都承担着"立德树人"的职责，但是由于不同的价值追求以及各自所承载的使命不同等原因，二者之间又存在着一定程度的分离现象。因此，不能简单地将所有课程视为思政教育课程，而应该注重主次之分；同样，其他课程不能仅注重"智育"而忽略"德育"。

（四）方法上相互补充

从教学方法来看，思政课程与课程思政均以讲授法、自主学习法与实践操作法讲授知识和传播思想。而在高校思政教学过程中，多数思政课程教师只注重理论灌输，直接向学生传授理论知识。相较于思政课程教学过程中运用的方法，课程思政在教学过程中更注重运用"润物无声"的方法，这种方法可以更好地将思政教育贯穿教学全过程，从而实现"在课程中育人"的目标。综合而言，思政课程虽然有较为丰富的教学方法，但是多数教师在课堂教学过程中仍是较为注重理论灌输的方法。为此，思政课程有必要与课程思政相融合，在教学方法上相互补充，运用"润物无声"的方法开展思政教育。

第四节　课程思政的方向和原则

一、课程思政的方向

世界各个历史时期，各个国家的教育家、政府，都把德育放在首要位置，都在研究如何抓好德育，如何保证教育不脱离所需要的德育。实践证明，没有可以脱离思政教育的学科知识教学，这是不变的规律，毋庸置疑。可变的只是学科知识教学中的思政教育是为谁的，是有目的的还是无目的的，是自觉的还是不自觉的，是有意识的还是无意识的，是微弱的还是强势的。我们要研究和实施的是如何在学科教学中自觉地、有意识地、有目的地、有力地做好学科知识教学和思政教育有机结合于一体。

进入新时代，中国经济、政治、社会、文化、生态的发展进入新时期，也进入深水期。要解决难题，就要啃下难啃的硬骨头，教育也不能例外，德育的重要性已不容置疑，但如何抓好德育，还要下大力气研究和实践。

2016年的全国高校思想政治工作会议上，习近平同志发表了重要讲话，他要求，思想政治教育要围绕立德树人展开，并将此融入教学全过程，做到全程、全方位育人；他提出，要不断改进思想政治理论课程，在此过程中加强其育人作用；

他强调其他课程不仅要完成自己的教学任务，也要重视立德树人和思政教育，形成协同效用。各学科、各专业的课程在教学中都要融入立德树人的理念、价值观的培养，相互协调，共同育人。

2018 的北京大学师生座谈会上，习近平同志的讲话表明了要以立德树人的效果为根本标准评估学校所有工作。这意味着学校需要真正地加强以文化人、以德育人，升华学生的思想境界，提升其政治觉悟、道德品质和文化素养，并且使学生按照明大德、守公德、严私德要求自己。

2019 年的学校思想政治理论课教师座谈会上，习近平同志在讲话中强调，思想政治教育和兼顾显性教育和隐性教育两个方式，对其他学科课程的教学过程中的思政教育资源进行开发和挖掘，做到全员全程全方位育人。

习近平同志的这些讲话生动、具体、清楚地阐述了新时代德育的重要性，为课程思政提供了方向指导。

在最近的几年中，习近平同志所提出的课程思政方向一直是党中央、国务院和教育部在实践工作的重要指导。2017 年的《关于加强和改进新形势下高校思想政治工作的意见》中明确表示，高校的思政工作要对各个学科教育教学中的思政教育资源作出最大程度的挖掘和运用。

2017 年 5 月，中央《关于深化教育体制机制改革的意见》中提到了"课程思政"。

2017 年 12 月，教育部《高校思想政治工作质量提升工程实施纲要》同样提到了"课程思政"，其要求将其作为课堂教学改革的目标，对各个专业课程中的思政教育元素进行分析整合，发挥其思政教育功用，将各类课程的教学中融入思政教育，将思政教育与知识体系教育相融合，相统一。

2018 年 9 月 17 日，《教育部关于加快建设高水平本科教育全面提高人才培养能力的意见》明确要求，各课程教师都要增强自己的立德树人意识，在课堂教学中灵活结合思政教育元素，建设一批育人效果优良的精品专业课程，构建一批课程思政十分课堂，培养一批课程思政优秀教师，打造专业课程教学与思政理论课教学结合、协同的育人格局。

2019 年 8 月，《关于深化新时代学校思想政治理论课改革创新的若干意见》

要求，对各个学科、各个门类的专业课程中的思政教育资源深层次地挖掘出来，将其他课程与思政课程之间的协同问题解决好，实现全部课程育人，打造全盘覆盖、类型多样、层次分明、步步递进、相辅相成、互为支撑的课程体系，实现其他课程与思政课程之间的协同效应。

2019年9月，《关于深化本科教育教学改革全面提高人才培养质量的意见》强调，立德树人的实现要将课程思政作为关键内容来建设，在课程思政中要始终坚持知识传授与价值引领、显性教育与隐性教育的相互协调和统一，对所有课程教学中的思政教育资源最大程度地挖掘出来，在再次强调要建设一批课程思政示范课程，培养一批课程思政优秀教师的同时，还提出要建成一批课程思政示范高校、一批课程思政教学研究示范中心，以此促进全员、全过程、全方位协同育人。

2019年10月，《关于一流本科课程建设的实施意见》要求，对专业课程和思政课程中的思政教育元素予以充分挖掘，打造适应当代要求的一流本科课程。

2020年2月，《教育部高等教育司2020年工作要点》表示，对所有课程的育人功用进行最大程度的发挥和利用，将其中的思政教育内容进行深入挖掘，促进思政理论课和其他专业课程共同秉持立德树人的理念，相向同行，并在知识教育的过程中，培养学生的能力，强化对其价值引领，实现三者的有机统一。《高校课程思政建设指导纲要》中提出，对课程、课堂、教材和课程思政工作作出统筹并重点开展，并发挥专业课教师在学生思想道德教育方面的重要作用。召集全国高校开展课程思政建设推进会，旨在分享各地各校的工作实践，并全面推动课程思政建设。在高校中选取和树立一批课程思政先行学校，打造学校有氛围、课程有示范、教师有榜样、成果有固化的课程思政建设典型。在每种课程中都打造一批课程思政示范课、教学名师和团队，建立、健全国家级、省级、校级课程思政名课名师三级建设体系。对课程思政建设的新成果、新经验、新模式及时进行总结提炼，开设一批课程思政研究项目，建设一批高校课程思政教学研究示范中心。

2020年6月《高等学校课程思政建设指导纲要》发布，其中强调要将习近平新时代中国特色社会主义的思想融入课堂教学和学生思想教育。我们将持之以恒地运用习近平新时代中国特色社会主义思想来启示学生，让他们更深刻地了解国内外的局势、党的状况、人民生活状况，从而增强他们对党的创新理论的认同，强化他们的"四个自信"。同时还需要做好教师队伍"主力军"、课程建设"主战场"、课堂教学"主渠道"建设工作，确保所有高校、教师、课程都能发挥好育人作用，达成同向同行的目标。同时让各类课程与思政课程协同作用，形成全员、全程、全方位育人大格局，提升教育质量和效果。为此，需要守好一段渠、种好责任田，确保显性教育和隐性教育相统一。

党中央和国务院及教育部发布的这些文件，按照习近平总书记指明的课程思政的方向和要求不断深入地指示了课程思政的重要性和必要性，并从顶层指明了课程思政的途径与方法。

二、课程思政建设的原则

（一）主体性原则

主体性是从信息接收者的角度而言的。教学过程离不开作为知识信息传播者的教师，更离不开作为信息接收者的学生。教学过程在突出教师主导作用发挥的同时，更应该重视与尊重学生主体作用的发挥。这就要求教师引导学生积极参与教学活动，并着力做到：心中装着学生、过程依靠学生、方法教给学生、目标聚焦学生、一切为了学生。学生要善于开展自主学习、探究学习、创造性学习，有效培养自主学习习惯和良好的学习迁移能力。

（二）启迪性原则

大学英语课程的任务并非单纯"拷贝式"传播既有的理论知识，而是要启迪智慧，引领学生成长。因此，教师要在了解学生原有知识结构、认知图式、思维方式和语义解释框架的基础上，通过课堂教学模式的改革和课堂教学情境的创设，引导学生学会选择、学会学习，带着问题去思考、去发现，通过独立思考、独立感悟、自主探索，去获取新知识、新观点、新见解。教师要在有效组织、驾驭课堂的前提下，切实尊重学生的主体地位，发扬课堂教学民主，创设探究式教学情境和宽松舒畅的教学氛围，不断激发学生的学习热情与兴趣，引导学生大胆发表自己的独立见解，以获得思想和智慧启迪。

(三)课程混合元素一致性原则

思政元素在大学英语教学内容中的渗透,必须具有一定的适应性和合理性,即不同教育性质的课程元素混合,最终能在知识教育和思想教育中体现出一定的一致性。大学英语课程思政的建构,应保证不同教学内容混合的契合性,并设计与之相匹配的教学活动,形成教育合力后,才能培育出具有正确世界观、人生观、价值观、文化观的人才。

(四)教育目标相通性原则

大学英语教学中有机融入思想政治教育,须遵从整体育人的规范和准则。为了帮助学生全面和个性化地成长,同时培养他们社会公共道德品质和行为标准,我们应当根据不同的内容针对性地设计教学模式和育人方案。加强大学英语课程思政,需要一直坚持教育目标相通性原则。为了确保每个学生方向正确,需要在整个教育过程中做好全员化引领工作,引导所有学生个体解决好思想问题和学习问题。将英语课程教学和思政教育融合,一方面培养学生的综合英语能力;另一方面培养学生坚定的政治立场和政治信仰。

(五)充分合规律性原则

大学英语课程思政的建构,受诸多教学要素的制约。无论是教师的教育理念和教育机制,还是学生思想和环境的变化等,都会成为这项系统性育人工程的影响要素。教育工作者需秉承合规律性原则,对大学英语课程思政进行建构,即教师须对思想政治教育工作规律、学生思想成长规律、教育对象情感认知规律等建立正确的认识,在传授英语知识和政治理论的过程中,应层次分明地开展教学活动,使学生切实成为懂分寸、三观正、品性端的人才。

(六)制度建设一体化设计原则

"课程思政"建设应当不断推出一些政策、法规,健全配套制度和政策,为思政教育提供有力支撑,基于此实现优秀育人氛围的营造,推动资源整合,形成最大的育人合力,进而促进"课程思政"协同育人更加科学和规范。为此所制订的相关制度并非僵化、机械的条例,这些制度需要适应高校教育教学实际,与之相互联系，形成协同的、宏观规划的制度模式，打造灵活的、充满弹性的制度框架，唯有如此，才可以充分激发"课程思政"教改的内生动力。在高等教育中，各类课程协同推进思想政治教育是包含诸多要素在内的系统性发展体系，这需要建立互动交流平台、引入以教学实效为导向的奖励机制，同时确保教师的长期可持续发展，这些都是"课程思政"制度一体化设计不可缺少的。

首先，建设互相补充、协同高效的合作机制。第一，加强高校内部的协作，创建出色的"课程思政"管理服务和教学交流合作平台。高校是一个教育教学系统，其中包括多个部门，并且组织结构严谨完整，职能分工明确，并不利于常态化合作机制的形成。所以，高校亟待构建充分沟通交流的渠道，积极推进教学对话，以促进资源整合和共享。对于合作平台的打造，其一，应当将各部门协调联合起来，围绕着"课程思政"构建健全的管理和服务体系，基于校党委的指导，教务处、团委、学生工作处各部门协同合作，不断尝试，形成跨越不同领域的、多维度的合作模式，同时形成各部门"课程思政"协同育人的最大合力；其二，在当下的"课程思政"建设中，思政课程之外的其他各个专业教师的积极性不足，未能在专业课程的建设中融入思政教育，为此应当积极打造跨学科的教学平台，以此促进其他专业课程教师和思政课程教师的充分互动和交流，进而推动教学资源的整合与共享，例如，加强集体备课制度的实施，由马克思主义各教研室领导，其他教研室共同参与，科学合理地在宏观的视角上对各个专业课程的教学内容和方法作出安排，发挥集体的力量，共同研究优化教学的方法，打造"课程思政"教学智库。第二，具备开放的眼光，立足合作的角度，扩大交流范围，尝试构建高校联合培养制度。这既能够促进区域合作，又能够从相近的学校类型和发展理念入手，促进各个高校的资源整合与共享，推动高校合作共赢。为理论水平高和教学经验丰富的思政教师和学科领袖创造一个跨学校的交流平台，让他们进行直接、有效的对话和交流，促进"课程思政"育人目标、课程体系建设、教学设计等的优化。为了加强高校间的交流合作，应当基于高校联合培养制度，进一步优化互访学习机制，定期组织各高校的教师和学生互相走访交流。通过实地参观和互动交流，互访者能够深入了解和感受高质量的"课程思政"课堂，掌握课堂和思政之间的结合技巧；以教学研讨为手段，探讨优秀的"课程思政"教学设计并分享教学实践的经验。

其次，围绕"课程思政"，设立激励机制。每个人都并非孤立存在的，而是处于一定社会关系中的，其需求基本上分为生活需求和精神需求，针对这两种需求提供激励，有助于切实强化"课程思政"育人效果。教学包括教师的教和学生的学，教师在"课程思政"教学中发挥着不可替代的作用，根据其教学质量和效果，给予合理的物质或者精神奖励，有助于强化其教学成绩感，增强教师的积极性，使其以良好的状态投入"课程思政"教学中。激励措施应当合理制订和实施，将教学成果作为出发点和落脚点，精心设计，合理运用物质和精神奖励，以达到最优结果。除了各专业教师和思政教师的课堂教学之外，也不能忽视"课程思政"相关科研项目，在激励机制中也需要考虑到为其提供专项经费。这样做不仅能够满足教育主体的实际物质需求，还能够增加他们的资历，促进其专业素养提升。推动其长期发展。高等教育的价值观念是关注教学和学生的成长。为此，高校需要就坚持教书育人的价值取向，牢牢抓住教师奖励计划，以此入手，将专业课程教师对课程中思政教育资源的挖掘能力和"课程思政"的育人效果与职称评定挂钩，与专项经费扶持挂钩。此外，精神激励也十分重要，可以以荣誉称号、表彰等作为手段，表达对优秀"课程思政"教师的认可和表扬，强化其精神上的成就感。

任何教育实践活动的基本要素中都会包括教育主体和教育客体，其能否顺利进行也很大程度上取决于两者能否协调配合。所以，除了上述关于教育主体制订的激励方法之外，也可以从教育客体入手。不管是什么课程，其教学效果重要体现在学生的学习成果上，"课程思政"的教学效果，则是体现在学生思政素养、价值判断能力等的提升上。针对教育客体（学生）制订科学合理的奖励方法，能够有效促进其积极与教师互动，提升其参与教学过程的热情，从而推动其可持续学习。因此，"课程思政"激励机制也应当与学生评价体系挂钩，如在评奖评优、推优入党等奖励中充分考虑其思政素质、道德素养、实际行为等，通过"课程思政"奖励制度突出学生的地位。

第二章 课程思政建设的问题及实现路径

课程思政是高校人才培养的重要部分,其根本任务在于"立德树人",并注重道德品质建设,将马克思主义的理论知识与教育教学相结合。同时,充分利用各种课程中的思政教育资源,构建思想政治理论课程、综合素质课程和职业教育课程相协调,打造"三位一体"的思想政治教育课程体系。随着"课程思政"理念的提出,其观念日益深入人心,但从目前的探索来看,可复制、可推广的建设方案尚在形成之中。在"课程思政"的研究与实践中,存在诸多问题,在一定程度上影响着高校课程思政实施的实效性。本章详细介绍课程思政建设过程中存在的主要问题,并针对问题尝试提出行之有效的课程思政建设路径。

第一节 课程思政建设的问题

一、对课程思政理念缺乏统一认识

第一,德育的"德"和立德树人的"德"分不清。很多高校领导清楚地认识到了课程思政育人的方向和目标,对于"德"的内涵通常理解为职业道德、生命价值和人文关怀等。然而,未能将之与政治认同联系起来,未能认识它们之间的相通和不同之处。

第二,缺乏自觉开展课程思政的意识。调查显示,很多教师在教学中,往往会利用语言讲述和实例说明的方式,向学生灌输对国家、社会或人生的态度和看法。但就高校课程思政教学实践近年来的情况而言,仅有不到一半的教师经常在课堂教学中宣传和教育价值观,且这一做法只在某些学院得到了关注。教师之所以在课程教学中进行思政教育,主要是为了满足学科评估指标、示范课程建设、上级督导、问题整改等方面的需要，并非自觉、自主地进行，大部分教师的课程思政教学都是受到外界硬性要求。此外，在考核和评估中制订各种指标很容易损害教师的内在动力，导致其主动开展课程思政的积极性、自觉性降低。即使部分专业教师拥有一定的课程思政教育理念，也愿意主动进行课程思政，但是因为专业教学和科研任务较重而不能落实，指标带来的"硬性任务"就会挫伤其主动进行课程思政的自觉意识和能动意识。归根结底，专业教师缺乏课程思政的自觉性，是因为他们没能充分把握和深入领会课程思政的目标和意义，对课程思政的认识不足。

二、协同创新利益分配机制不合理

市场利益调节导向是构建课程思想政治教育协同创新机制的必要条件。因为思想政治教育是一个长期的精神世界改造工作，需要各教育主体花费大量资源，包括人力、物力、财力。然而，由于这项工作成果不容易量化且需要长期投入，多数高校对此投入较少。同时，参与协同创新的各个教育主体来自不同单位，其职责、工资和人事等相互之间难以互通和协调，因此也很难通过协同创新机制给出有效的奖励和惩罚。监督评估机制流于形式，部分协同创新工作经常只是名义上存在，实际上缺乏实质性的成果。协同创新利益分配机制不合理主要表现在如下几方面。

第一，外部单位投入协同创新系统中的资源分配问题，这些单位主要为政府、教育部门、企业投入，所投入的资源就是这些单位投入的专项研发经费，还有与此系统相关的横向、纵向课题经费。这些经费的使用者主要是高校，并由高校来管理。如果高校以外的教育主体想要使用这些教育经费，则是作为兼职加入高校体系。在协同创新工作中，直接报酬不会发放给参与其中的行政类教师，但是他们能够获得一定的补偿，获得方式就是完成课题，因此教师需要更加努力。由此可见，这一利益分配机制存在很多不足之处，有待进一步完善，这也导致各教育主体的合作受阻。但若是不采用这种分配机制，思政工作者在协同创新中的思维将受到严重削弱。没有物质利益的激励也会降低他们的热情和积极性，从而影响团队的稳定性。

　　第二，协同创新系统产出成果分配问题，这导致协同创新各教育主体之间的分裂愈发严重。在课程思政工作中，会产生一些无形资产或成果，其中有不少是很难明确归属和划分的，比如知识产权、信息情报、概念资源，以及论文和专著署名等。由于研究工作中参与主体较为复杂，在分配和归属上述东西时，很难协调和满足各方的利益，会产生种种问题。

　　建设"课程思政"，需要解决同向同行的难题。思政课程和其他学科课程的教学目标中，应当包含培养全面发展的社会主义建设者和接班人。可是，在现实教学中，由于多方面原因，很多教育者不重视思政课程，在人才培养中，对思政课程的价值认识不到位，与其他专科课程之间存在差距。此外，高校"课程思政"建设也导致了两种错误的观念。一种论调认为应该通过扩大思政课的功能和窄化专业课的功能来达到教育目的，因为思政课是立德树人的根本，而专业课只要教学生专业知识就可以；另一种论调则认为专业课也具有思政教育的作用，因此可以不必再设置思政课，而是通过通识课程进行潜在的思政教育。两种观点都不正确。第一种观点将思政课的功能过于泛化，把它与专业课看成相互排斥的关系，忽视了二者相互促进的关系；第二种观点则会造成丢失高校意识形态教育的主渠道，使得思政课无法发挥应有的育人功能。这两种观点都没有正确认知思政课和专业课的协同育人功能。无论选择哪种观点，都会掉入陷阱，只有深入理解两者的协同育人关系，才能更有效地开展"课程思政"建设，充分发挥两者的全员、全程协同育人作用。

三、课程思政协同育人

（一）协同育人缺乏体系化

　　对于课程思政协同育人的目标，不是简单地增加思政课程或者简单组织一些实践活动就能够妄图实现。相反，我们应该在所有课程中都融入正确的价值观，以确保思政教育与学校的育人方针相互协调，把握课程教学的主要阵地和渠道，切实做到教书育人，通过课堂教学对学生进行系统化的思政教育，使高校教师在其中发挥积极的作用。因此，高校需要促进各部门协同合作，为课程思政建设创造良好的环境，发挥学校党委、院系、各部门和教师的协作能力，将挖掘到的思政元素运用到各种课程和实践活动中，上下一致、齐心协力，将知识体系建设和育人相融合。

（二）协同育人平台建设效力不足

第一，人才培养平台模式单一，缺乏教育资源整合机制，阻碍着多元化、创新型人才的养成，主要表现在四个方面：一是高校学科内部分化严重，现行的课程教学平台也只是局限于思政课教师范围内，以思政课为中心，多课程衔接的课程教学平台尚未建立，学生无法在同一教学平台上实现课程资源共享。其他专业、学院都只是关心自己内部的人才培养情况，而课程建设及师资配备局限于自己的专业业务内，随着工作的分工和分化越来越细，"自说自话"的现象越来越严重。各学科之间交叉融合及跨学科合作很难推动，很少有学院自愿与其他学院之间进行协作，没有从人才培养目标以及培养方案出发共同推进学科和专业建设。二是高校内部设置通识课本身不够"通用""宽泛"，很多高校设置通识课的目的是响应国家号召，大部分的课程都是从自身的专业优势出发，目的在于便于开展、考查，还有一部分课程设置得非常偏门或者表面，只是为了方便一些想要评职称的老师考核，并没有充分体现一些学科的基本原理和理论精髓。三是高校内部无法让学生自由选择教育资源。为了满足各专业的培养需求，有一部分大学生所修专业并不是其主观意愿上的专业，而是经过调剂的专业，入学之后也因为学校设置的很多硬性条件很难实现转专业的意愿，转换学校就更不可能了。除此之外，学生在研修课程的过程中并没有很多主动去选择感兴趣的课程和教师。四是高校内部教育资源没有实现协同化。党的十八大以来，高校逐渐加大了综合性院校建设及新校区建设，逐渐由学校配备基本的实验室、图书室转变成每个学院都建设和管理自己的专属实验室和图书室。并且，随着师资力量的不断提升，有的学院还设立了国家级、省部级重点实验室。但是，因为学院分割严重，很多教育资源和科研资源的利用率并不是很高，大多学院存在内部资源只面向自己学院敞开的要求，其他学院并不能使用，使得很多类似专业的教师想要进行更精密的测量需要向该学院进行非常复杂的申请程序，这样直接阻碍了交叉学科之间的发展。还有一部分学院为了迎合上级检查，为自己的学院评估增加更多"砝码"，往往会花大价钱打造一些好的实验室、图书室，却并不让人使用，造成了资源的严重浪费，违背了大学资源为教师和学生服务的初衷。

第二，部分思政协同创新科研平台转化率低，校企合作科研难落地。高校要想改变传统的思想观念，就要搞清楚科研、教学与校外育人主体之间的关系，树立"大学术"的观念，即将科研与教学一样看作思政协同创新的一部分，让科研为教学服务，将最新的研究成果融入思政教学的内容和方式之中，并与教学有机结合起来。但是，根据不完全统计，我国的科研成果虽然很多，但是对经济发展和企业转型升级的贡献率并不是很高。高校科研成果的研发及科研成果转化率低于20%，个人专利的立项和转化率低于15%，成果产业化、规模化则更低，这些数据在发达国家则正好相反，发达国家在科研成果转化率和专利转化实施率上都远远超过了70%。根据调查显示，导致高校科研成果转化率低的根本原因在于企业与高校、科研院所之间缺少相应的协同对接机制。产生这种现象的主要原因是高校在进行学科和专业设置时缺乏长远的市场规划意识，没有进行专业研发方向规划，各学科之间相互脱离，存在体制壁垒，同时教师和教师之间缺乏有效的协同交流合作机制，而且大部分的高校在与科研院所合作时并没有太多经验，在设立科研成果及技术转移和转化时责任划分不清晰，没有一个统一的调配统筹机制，致使研究院所在与企业进行成果转化时出现转化率低的问题。同时，部分企业缺乏科学研发人员，自身的技术研发力量较弱，在与高校和科研院所合作中，虽然希望可以直接将科研成果转化到生产线中进行产品生产，但缺乏与高校对接的技术和人员，大大增加了科研成果转化的成本，且有的企业还将技术研发存在的技术风险划归到研发单位，打击研发人员的研发信心，增加了高校和科研院所对于企业合作的前景担忧。

第三，部分实践实训平台建设不足，人才培育流于表面。高校实践实训作为思想政治教育的重要组成部分，实际上却是由多个部门分开管理的，工作的细分虽然促进了专业化的发展，却容易造成本位主义的产生，使各教育体系之间很难进行协同，难以实现思政教育融合。而且，随着高校专业的逐渐细分，很多专业的学生需要对口的实习基地和资源，却面临着校内场地有限、资源有限的情况，很明显不能满足学生生产实训条件。一方面，不同主体间缺少协同作用，致使校外实习基地不足，学生走不出学校，只能自己进行模拟实习实训，缺乏实战经验；另一方面，高校对于学生的培养经费细分很严重，用于实习、实训的经费并不是很多，因此很多教师就近随便找一个地方进行短期的参观学习，并不能让学生体验到真实的行业发展情况，也无法进行综合性的训练。目前，很多高校已经开始进行创新实践模式的摸索，但受到多方条件的限制，这种创新实践模式尚处于"纸上谈兵"状态。大部分的思想政治教育实践教学还处于课堂讲解阶段，尚未激发出实践教学的作用，学生理论联系实际的能力无法得到锻炼。现行思政课教师因为缺乏实践实训平台的支撑，课堂授课也仅能以课堂教育资源为主，因为专业化的细分无法使用实践教育方面的平台、课程等资源，无法满足学生个性化的需求，也无法满足市场对于多样化人才的需求。目前，一方面，高校与前沿产业、市场、科研结合，同时与高端市场、科技项目、企业师资建立联系，搭建多主体参与大学生协同创新实践实训平台，已经成为大势所趋，但这也是很多高校无法避免的教育短板；另一方面，现行的高校思想政治教育考查形式多是以考试为主，极少数采用考试与实践相结合的方式，学生为了应试教育接受的大多是"灌输式"和"生搬硬套"式教育，缺乏理论与实践的能力培养，以及个人主观能动性的充分发挥，致使学生面对思想政治教育缺乏基本的学习主动性。

四、教师认知不到位

社会历史发展是无数单个意志和力量相互作用的结果，推动事物发展的力量并非单一的，它们有着内在的逻辑关联。这种认识同样适用于课程思政育人实践，课程思政迫切需要由诸多方面作用下生成的整体合力，进而实现协同育人理性目标。教育主体是课程思政育人系统中的子系统，缺少教育主体这一子系统的作用也就难以发挥课程思政的整体协同效应。从当前高校开展课程思政育人现状来看，教育主体对课程思政的认知及认同度和教育主体之间互动合作力度尚待提升。长期以来思想政治教育工作都面临着思政课和专业课"两张皮"的现实难题，如何扭转思想政治教育在专业知识课程领域被边缘化的局面是当前工作的重大任务。

各教育主体特别是专业课教师对课程思政理念的价值认同不够，如何完成思想理念上的"破冰"，将这一新的教育教学理念自发自觉地运用于课程教学实践当中仍是关键问题之所在。教师的问题体现在以下两方面。

一方面，模糊了思政课程和课程思政的辩证关系。把握思政课程和课程思政的关系是贯彻课程思政理念的前提，但是很多专业课教师都没有充分认识到两者在目标和任务的共性，以及两者在教学内容的相关性。部分专业课教师没有意识到自身在引导学生价值观方面的重大作用，视知识传授和价值领域为对立的目标追求，将思想政治教育功能的实现囿于思政课教学领域。

另一方面，对课程思政价值认同偏离。有的专业课教师甚至质疑课程思政价值是否存在。在学科分门别类的教学模式下，单学科育人的固化思维仍存在于部分专业课教师头脑之中，将思想政治教育的价值观引领和意识形态形塑视为思政课教师的责任，对于自身的教学任务定位为知识和技能的传授，并且在专业技术性较强的某些理工科院系，其专业课教师对该学科是否具有思想政治教育功能存在思想困惑，大多倾向于从事单纯的教学和科研活动，从而将课程思政理念落实和思想政治教育目标实现排除在自身工作范畴之外。

五、顶层设计碎片化，主体责任不清

课程思政育人体系蕴含着一个多元主体集合，包括学校党委及其领导下的各学院党委、教学管理部门和学生工作组织，应当将这一新教学理念的实施置于学校战略高度，从顶层设计的总体规划视角明晰各个主体的工作责任范畴，即尽可能设计好课程思政队伍建设的目标并搭建好总体建设框架。这虽然在整体规划方面有了一定的成效，但是从全国范围高校整体规划来看还存在顶层设计碎片化的问题，如何打破职能部门壁垒，明确各部门在课程思政建设过程中的责任也是当前需要突破的瓶颈。显然，高校内部结构分明，分工明确，各个职能部门各司其职以保障高校各项工作科学有序地开展，但课程思政理念下构建的全员全课程思想政治教育模式需要各职能部门的协同配合。然而将课程思政工作介入各个部门会引发原有职能部门工作的系统性调整，会涉及很多具体环节，相关部门工作的落实需要以顶层设计的总体规划维度为起点,将各个职能部门纳入课程思政教学改革系统,诸如教务处、教师发展中心、人事处等职能部门的职责的明确规划。因此,在分工如此细化的体系下,高校内部各部门界限感强烈,各部门不会自发地承担起课程思政建设的主体责任,若想将它们共同纳入课程思政工作进展之中,还须抓好顶层设计,明确划分各职能部门有关课程思政建设的相关任务。

六、相关制度建构有待落实

在推进课程思政实际教学的过程中,尚存在相关制度建构效力不足甚至是缺位的情况。

首先,长效学习机制和集体备课制度需要进一步落实和完善。课程思政协同育人是一种新的思想政治教育育人模式,教学主体特别是专业课教师有一个适应和学习的过程。专业课教师受其学科专业背景的影响,绝大部分尚不具备科学系统的思想政治教育理论基础及有效的教学方法。因此,一方面,专业课师资队伍真正融入课程思政建设队伍须将长效学习机制贯穿始终,通过制度化的学习形式不断强化专业课教师对课程思政的理解和执行能力;另一方面,鉴于专业课教师以往形成的固定的教学范式和程序,他们在课堂教学中往往对学生价值判断能力和价值形塑能力缺乏了解,为了保证专业课能够辐射到思想政治教育内容,提前做好教学准备尤为必要,对于如何在专业知识传授过程中精准把握思想政治教育切入口需群策群力,创设集体备课制度,发挥教师群体的集体智慧。

其次,合作对话机制建设力度有待加强。对于高校思政课教师而言,他们承担了全校范围内的公共课教学任务并且还承担着所属学科专业的教学和科研任务,所以他们参与课程思政建设的时间精力有限。对于各专业课教师而言,他们更加缺少主动融入课程思政的自觉意识。因此,激发课程的育人合力需要加强教学平台建设,促进对话交流与资源共享。再次,网络化机制不健全。作为时代化背景下的新产物,网络以其便捷、迅速和高效的特点,成为课程思政教育的重要载体,不仅能够延长教学过程,同时还增强了教学影响。但高校在运用和监管网络的过程中缺乏相关机制。从调查结果来看,一方面,一半的大学生对于学校是否开设网络课程思想政治教育平台并不明确,可见高校课程思政教育对于网络的运用机制及管理机制并没有深入学生心中,网络思政教育平台形同虚设,对其运用和管理流于形式而非充分发挥其促进教育成效的作用,学生的认可度和接受度相对较弱;另一方面,习近平总书记关于意识形态工作的重要论述中的网络论述强调了网络对意识形态工作和建设的重要性,对于高校课程思政教学工作而言更应该关注到网络的影响,在利用好网络的同时,也要注重完善高校网络防御机制和舆情预警机制。目前高校对于校园网络的监管也没有形成成套、合理且科学的监管机制,对于校园网络疏于管理。在2020年疫情防控期间,各类高校大规模地运用网络教学平台进行线上教育,这次事件也成为网络进入教育教学的助推器,但不难看出各级各类高校在疫情防控期间将网络运用于教学的仓促和生疏,可见高校在日常当中并未建立健全网络化教学体制机制。

最后,维持课程思政教学的保障制度薄弱。从现实维度来看,无论是专业课教师还是思政课教师对于课程思政的专注度都尚待提高,其中不乏有人将课程思政视为自身教学科研以外的附加事物。为此,高校除了大力倡导教师教书育人的责任感和使命感,亦可从奖励机制的角度入手,既给教师提供相应的保障又为课程思政注入发展动力。

七、教学评估滞后

教学评估同样是整个课程思政教学实践过程的重要一环,依据细化的评估标准,通过专业的、具有针对性的评价话语进行反馈是提升教学效果的重要步骤。但目前仍存在以下问题。

一是评估主体比较模糊。目前,课程思政教学评估的核心问题是专业教学评估小组面临重组、评价标准亟待制订和跟进。现行的教学评估以学科专业教学过程和结果为评价依据,有专门的教学质量管控机构、评估方式及评估标准。面对课程思政教学改革的深入推进,当然需要建构与之匹配的评价机制。但课程思政教学评估任务实施的主体模糊,缺乏专门的评估机构规范开展相关工作。因为课程思政蕴含了思想政治教育有机融入专业课教学这一新的总体教学要求,评估操作主体既要有权威机构的支撑,又要具备给予课程思政有效评价的能力,这正是目前评估操作主体所欠缺的。课程思政教学评估的主体责任由谁承担，学校原有的教学质量管控部门是否有能力开展有效的课程思政教学评估有待进一步明确，因此，组建专业的教学评估工作小组，将德高望重的专业教师和经验丰富的思政教师纳入其中尤为必要，这将一定程度上改善评估主体模糊、互相推诿的状况。

二是操作性不够，效果难以评估。某大学出台了《推进课程思政工作实施方案》，作为工作方案而言，其相关落实安排及组织保障是全面的，具有引导各学院、各部门开展课程思政教学的推进意义。而且以校级文件的形式来发布，具有一定的权威性和强制执行性。但在操作层面，学校和二级院系尚未出台在"人、财、物"及"权"等方面的具体实施细则。一些高校虽然出台了本校的课程思政实施制度，但制度的推行仅停留在文件的文字中和会议精神的传达上，没有具体的实施措施安排。学校出台的制度一般为全校层面的工作总体安排，往往造成了"口号化""条块化"和"运动化""无序化"。例如，某大学出台的《课程思政实施办法》中包含指导思想、工作目标、主要举措及实施保障四个方面。然而在举措和保障两个本应重点布置的工作方面却缺少相应权责细化和任务分解，实施保障条款中虽然成立了校领导牵头的领导小组，而关于小组如何落实课程思政、怎样推行课程思政均无制度安排。其中，党委宣传部、教务处、人事处、学生处、马克思主义学院等部门和学院的协同联动，既没有路线图，也无可操作性的、需要协同的具体事项。该办法提出了工作考核任务，但方案中却没有实施评价的相应条款。因此，学校课程思政制度缺乏操作性，缺失评价体系，在实际落实过程中会造成课程思政缺少应有实施支撑并影响实践的长期性。

八、教学环境有待净化

（一）社会环境

从社会方面来看，一方面，改革开放的深入以及全球化趋势的不可逆转，致使众多资本主义所谓的"自由、民主"思想涌入我国，部分民众受其影响，言语和行为都表现出"国外月儿圆"的思想趋势。同时，改革开放的不断深入也造成我国利益格局的嬗变。高校大学生的知识储备和思辨能力受限，受社会中西化思想的影响，学生对于西方的政治、文化和社会环境充满了好奇和向往，表现出较为强烈的兴趣。另外，社会利益格局的变化也使得高校大学生的逐利性更强烈，在"三观"还未健全的阶段受到如此大环境的影响，使其对思想政治教育的内容产生疑惑，呈现出理想信念模糊的状态，严重妨碍了高校思想政治教育的顺利推进。

另一方面，不良社会风气、道德失衡的现象和因素对思想政治教育提出了巨大挑战。社会不断进步和发展，人们的思想也随之出现了潜移默化的改变，社会各方面因素的嬗变导致人们的思想问题也日益凸显，给思想政治教育带来了巨大阻力。社会中不良思想和行为，与高校所开展的思想政治教育内容形成鲜明的对比，严重干扰了学生的认知，造成学生对于思想政治教育内容与现实情况的矛盾化心理，对思政教育内容和德育内容产生疑惑，给课程高校课程思政教育工作的开展严重设障。

（二）校园环境

从校园方面来看，在高校学生的学风，以及学生工作的作风上存在影响思想政治教育的消极因素。近年来，大学生在学习中表现出了强烈的功利心，如部分高校学生为了获得评奖评优等荣誉称号，进行学术造假，给高校的学风造成了极大的负面影响。此外，学生干部工作作风也受功利主义、个人主义及社会家庭环境的影响，出现趾高气扬的办事态度，缺乏服务意识，丢失了作为党员和学生代表的理想信念，影响学生干部队伍整体建设，也间接影响着高校课程思政教育工作的开展。

（三）家庭环境

从家庭方面来看，一方面，学生的家庭成员错误的思想意识会直接影响学生的思想，对高校课程思政教育工作的顺利推进带来考验。这对高校思政教育而言无疑是巨大的挑战。另一方面，家庭成员的一些非科学的行为也会对大学生的思想产生影响。如家庭成员定期参加或举办一些封建迷信的非科学活动，让学生产生思政学习内容和生活现实矛盾的心理，极大地冲击着学生的思想。

九、课程思政协同思政课程推进程度不平衡

（一）学校与学校之间的不平衡

推进课程思政教学存在着地区与地区之间的不平衡，学校与学校之间的不平衡。地区之间的差距，以及学校之间的差距可以说是一个长期存在的差距，但是我们不能因为差距存在的长期性而放弃改变差距、缩小差距的愿望和努力。差距的存在既有客观原因，又有主观原因，其中主观原因占据主导地位。当人们思想观念停留在传统的观念时，人们的行为就会按部就班，就会安于现状；反之，观念更新及时，发展就会步入良性轨道，甚至实现超常规发展。改革开放40多年来的实践充分证明，中国经济社会能够实现跨越式的发展，其中最为重要的原因之一就是不断更新发展观念。高校的发展同样适用这种道路，高校的发展快慢同样受制于思想观念，国内近几年崛起的不少高校就得益于观念更新。比如，华中科技大学（原华中工学院）作为一所以理工见长的工科类院校，从20世纪90年代开始，高度重视人文教育，率先在全国高校推进人文素质教育。思想理工与人文的融合，使学校在短短的时间内快速发展起来，跻身全国高校第一方阵。总体来看，在推进"课程思政"，以及实现"课程思政"与思政课程协同的过程中，目前存在着学校与学校之间的不平衡。

（二）学院与学院之间的不平衡

一是重视程度不平衡，有的学院（系）重视，行动迅速；有的学院（系）不太重视，行动迟缓。二是推进力度不平衡，有的学院（系）积极响应中央要求和学校部署，采取得力措施鼓励和激励教师开展"课程思政"理论和实践探索，"课程思政"的责任主体——教师的责任意识、创造意识得到充分发掘；而有的学院（系）停留在一般号召、一般布置，没有拿出有效的激励措施，"课程思政"的责任主体——教师的责任意识、创造意识没有激活，"课程思政"推进举步维艰。三是推进的成效不平衡，思想上重视、措施上得力的院（系）能够获得较多的项目、经费等资源，从而产出较多的"课程思政"成果；而思想上不重视、措施上不到位、行动上迟缓的学院（系）在项目、经费、成果等方面相形见绌。

（三）课程与课程之间的不平衡

课程是课程思政的唯一载体，课程思政依托思想政治理论课以外的各门课程，因此思想政治理论课以外的各类课程又是课程思政的主要载体。教师是课程的责任主体，也是课程思政的责任主体，高校教师有学科专业之别、学历职称之别、思想境界之别等。教师的学科专业背景、学历职称高低、思想境界优劣都是影响课程思政实施的重要因素，但不是决定因素。这些差别的存在是客观的，我们不能一味地、不切实际地要求所有教师整齐划一。但是，在教学中，特别是在推进课程思政的教学实践中，教师自身的主客观因素可以通过自身努力得到改变。一直以来，不少高校教师，特别强调自身的学科专业背景，特别强调自己的"教师"身份，把"教书"与"育人"割裂开来，个别教师甚至把思想政治理论课、课程思政与专业课程教育对立起来，这种现象才是导致课程思政推进过程中，课程与课程之间不平衡的关键原因。实现课程与课程之间的平衡，客观地说，只是一种目标、一种愿景、一种努力的方向，平衡只是相对的平衡，不可能有绝对的平衡，只要我们广大教师在思想上重视"课程思政"的价值，在行动上给予"课程思政"必要的精力，我们认为就能实现"课程思政"协同思政课程的理想状态。

十、中层组织架构缺少权责细分

校党委宣传部负责全校的思想政治工作，教务处是课程思政教学改革的管理部门，马克思主义学院是课程思政教学改革的指导部门。在落实层面，校党委宣传部确实通过组织全校性的相关理论学习活动来开展课程思政引领；教务处也发挥了课程思政的管理职责，对二级学院贯彻落实明确提出了相应要求；马克思主义学院受邀指导各二级学院开展课程思政，同时也时刻围绕课程思政与宣传部、教务处保持协同会商机制。宣传部的思想宣传、舆论宣传，教务处的日常教学运行、学科建设，马克思主义学院的思想政治理论课教学等，都是学校工作体系内相对艰巨、繁重而且非常重要的工作任务。但尚未明确宣传部下属哪一科室来贯彻课程思政；教务处谁来具体管理课程思政；马克思主义学院到底由谁来负责。

国内高校在推进实践过程中也纷纷都明确了课程思政上层管理层级，即高校党委的主体责任。党委之下有分管校领导负责，然后确立主要部门来牵头负责管理，比如学校教务处负责、马克思主义学院引领、二级学院自行组织三种实践模式有着各自的优缺点，孰优孰劣暂难考量。但是在制度安排和运作实践中，仍然无法确定高校课程思政中层组织架构内的教务处做什么；马克思主义学院做什么；二级院系该承担什么责任。甚至在学校党委的宣传部门、学生工作部门、统战部门的分工协调过程中厘不清各自职责，责任共担往往会造成相互推诿。因此，高校内部的课程思政组织体系构建，党委之下的责任主体明确，部门间的协同机制仍需确立和完善。

在二级学院中层组织层面，多数高校的二级学院党组织负责同志，如分党委、党总支、直属党支部书记并不直接分管教学，多数管理干部出身的基层党组织负责人并不参与教学，导致现实中二级学院党组织负责人对教学、教学管理没有足够的话语权，对所在院系的任课教师也没有直接管理权限。部分分管教学的二级学院副院长不都是中共党员，有的是民主党派。所以，二级学院课程思政落实存在着三方面的问题：一是党建引领课程思政教学不够，党组织领导课程思政教学改革没有抓手，尤其是对非党员教师的课程思政落实需要加强指导和管理；二是教师尤其是自然科学学科教师的政治素养、政治觉悟需要得到切实有效的提升途径；三是学校学科属性、专业背景、教师学习背景复杂，导致教师教学过程的管理难度较大，同时二级学院对教师缺少真正有效的教学实施管理、约束机制。

第二节　课程思政建设的实现路径

一、多方联动协同育人

（一）理顺协同育人各方的关系

高校思政课堂与课程思政协同育人要想取得良好的成效，并不是一件简单的事，它需要动员多方面的人员、物资和资源等因素，这是不可避免的。为了实现协同，这些要素需要密切协调和相互配合，因此要清晰地理解其间的相互关系，包括权力、利益、信息和人际关系等多种要素。

1. 协调好权力关系

要达到协同育人的目标，必须平衡涉及学生思政教育各方的权力关系，确切界定权力结构中不同权力的边界和相互作用，给予各方适当的权力。

第一，明确各方的权力范围和任务清单。大学生思想政治教育需要明确各方的权力边界，以便更好地发挥各方权力的合作效应。例如，在协同过程中，党委应发挥其权力作用。作为领导全局的组织，党委应紧紧把握政治方向和政治原则，着眼于思想和组织建设，确保工作取得正确方向。学校行政部门负责监管各项行政工作，包括规划教育教学计划、推进学校总体发展等。教师需要在课堂教学、学生日常事务和本部门或本岗位相关决策中运用其管理权力，以发挥重要作用。

第二，克服行政权力泛化。如为了防止过多的行政事务对大学生思想政治教育的干扰，日常思想政治教育的主管部门，如学生处和学工办等，应进一步改进其内部治理结构。在学生思想政治教育中，应该授予院级、系所一定的权力，以调动和发挥基层部门的积极性和创造性。另外，高校需要避免行政权力对学术权力过度干扰，尤其在思政课教学和专业课程中，需要更多地听取思政课教师和专业课教师的建议，并进行改革。

2. 解决好利益关系

一是物质利益与精神利益相结合。对于高校教师而言，物质和精神需求同等重要。因此，在调动他们参与协同育人的积极性时，应该兼顾物质激励和精神激励，让它们相互促进，共同营造良好的工作氛围。为了明确物质和精神利益的分配关系，我们必须认识到：一方面，人们高尚的精神追求在一定程度上可以调节他们对物质的需求程度，将物质利益和精神利益放在同等重要的地位，给予它们高度重视，有助于激励教师持续投入工作；另一方面，人类的生存和繁衍有赖于一定物质资源的支撑，现代社会中人们的生活也需要衣物、食品等各方面物质的保障，这些物质利益对人们的行为产生着重要作用，不容忽视。为了有效开展教育活动，必须为教育者提供必要的物质条件和资源。因此，在平衡物质利益和精神利益之间的关系时，应该将精神利益视为物质利益的补充，将物质利益作为精神利益的前提条件，从而实现两者有机结合，并确保教师在共同育人工作中受到充分的重视，同时获得精神和物质上的相应报酬，这样才能有效地激励教师的积极性和创造力。

二是公平激励与适度倾斜相配合。随着社会经济的发展，生活节奏不断加快，生活压力与日俱增，紧张、焦虑、抑郁等心理问题已经成为不可回避的社会问题。心理学家发现，不公正是紧张、焦虑等情绪产生的根本原因。为了疏导不良情绪，实现公平正义，一方面，学校要从教师的工作特点出发，完善教师考核和评价体系，对岗位晋升、职称评定、表彰评定等尽量做到公平、公正、公开，充分体现利益激励的公平性；另一方面，学校要充分考虑大学生思政教育工作的教职工工作任务烦琐、工作压力大等特性，在制订激励政策时要有所倾斜，适度提高他们的地位，增强他们工作的主动性和创造性，鼓励他们积极参与协同育人工作。

（二）协同推进三全育人

如果说党建引领侧重纵向引导，那么多方联动则更多地体现为横向拓展。首先，多方联动发挥了党员教师的先锋模范作用，使他们在进行系部层面的业务学习和集体研讨时，影响并带动非党员教师提升自身的思政素养。党支部要定期组织全系部进行理论学习，注重学习效果，以确保思政工作要点的普及从党建层面向非党员教师辐射。其次，在全方位育人层面，多方联动强调教育者的言行在德育中的重要作用，这主要反映在行动育人方面。高校应引导教师树立"身正为范"的师德模范意识，使他们在与学生的日常交往、第二课堂、第三课堂等环节发挥道德素养的影响作用，以引导学生树立正确的价值观与道德观。最后，多方联动注重科研育人的辐射作用。高校应激励教师在教学与科研方面齐头并进，以此向学生实施无声的职业道德教育。在一定意义上，教师科研水平的高低和成果的多寡，对学生的影响是深层次的。高校要鼓励教师积极投入科研和教研，力求以优异的研究成果感染学生。教师要在其位谋其政，这样对其他教师也能形成示范效应。

（三）打通专业壁垒

打通专业壁垒，就是让"思政课堂"和"课堂思政"共同发力，这样做有助于全面育人、全员育人、全方位育人，它不仅是为了在课堂内进行思想政治教育，更是为了实现全程育人的目标,因此需要建立起育人共同体,其中各部分都须履行其职责,以达到育人目的。例如,专业课教师的主要任务是通过教学实现思想政治教育的渗透效果;而思政课教师则致力于为学生提供世界观、人生观和价值观等方面的指导;辅导员则主要负责定期辅导学生的心理健康和提供成长成才的关怀;相关部门则负责确保以思政课为核心的同向同行机制能够正常运转,并帮助建立起一个较为完整的思想政治教育共同体。

第一,专业课教师应该与思想政治理论课教师达成协作共识,以建立合作关系。专业课程思政和思想政治理论课均属于思想政治教育的范畴,其宗旨是提高学生的思想觉悟和道德修养,二者之间是相互协作和相互补充的关系。两者合作不仅可以促进专业课程思政的进一步发展,同时有助于推动思想政治理论机制的创新与重建。此外,这两方的协作还可以推进学校教育资料、专业性课程的政治宣传材料以及思想政治教育实施工作系统的研究发展。

第二,需要建立相互关联和合作的工作关系,以反映教学实践的情况。思政课和专业课老师开展合作,以教学方案计划和实践为基础,以促进思政教育的发展和丰富思政教育的形态为目标。这样的合作不仅有助于深化专业课程的思政教学,还能为思政教育的实质内容增添更多的具体内容。对于教学完成后的合作反思,它可以有助于双方完善后续的教学计划,改进课程结构和具体内容。

第三,根据教师的专业学识素养,形成互动合作的状态。教育实践证明,思政教师和专业课教师之间所形成互动合作状态,对于思政课教师和专业课教师的专业成长有着积极意义。从思想政治理论课教师的角度来说,二者的互动合作,有助于加强其科学文化内涵,拓宽知识范畴、优化知识逻辑,有利于教学计划的进行。在专业课程中融入思想政治教育,可以加强专业课教师的道德水准。从专业课程教师的角度来看,一方面,伙伴性质的合作方式可以加强他们的思想道德政治水准;另一方面,还可以补足他们的教学规划机制,改善教学水准。

第四,优化专业课教材内容设计。专业课教材是专业课程得以顺利开展的物质保障,在专业课持续健康发展过程中发挥着不可估量的作用。因此,在专业课程中应用思想政治教育的原则,要充分认识到专业教材在思想政治教育中的重要作用。而要做到这一点,我们需要充分认识和利用专业课教材的独特性,深入挖掘其思想政治教育的潜力。

（1）专业课教材的严谨性。由于专业课程需要具有高度的专业性，因此师生在学习和研究时必须非常严谨。专业课教材是学生进行专业课学习的重要教学材料之一。为确保教材的权威性，其内容的编排必须强调严谨性。例如，在自然科学类专业课教材中，研究数据需要严谨可靠；在社会科学类专业课教材中，文字描述需要充分考虑其严谨性。这样做有助于加强学生在专业学习与研究中注重严谨性的认识，借此提高他们对专业课程的严谨性要求。

（2）专业课教材的可读性。很多专业教材着重讲解专业理论，却没有把专业知识与学生关心的实际问题联系起来。这样做导致教材缺乏趣味性，难以引人入胜。为了提高专业课教材的易懂程度，我们需要把专业知识与实际生活联系起来。例如，在自然科学类专业课的教材中，可以通过结合现实中实际的案例和现象去分析专业理论知识，帮助学生更加全面、直观地理解所学知识。社会科学专业课教材可以以一些社会热点话题为背景，从专业角度出发激发学生的思维。此外，还需要在专业课教材中融入专业精神和职业道德等方面的元素。例如，通过阐述著名专家的生平故事，强调其崇高的品格，帮助学生在专业学习中不仅能够吸取知识，而且还能找到自己的学习楷模。

（3）专业课教材的进步性。当前，世界不断进步，专业课程所覆盖的领域也在不断拓展并取得新的进展。高校学生要了解专业领域，必不可少的是参考专业课教材，而这些教材必须跟上时代的步伐，不断进行更新，以确保内容与时俱进。这就要求专业课教材不仅要传授专业知识和技能，还要涵盖专业领域最新的研究进展和发展趋势，以便让学生全面了解专业领域的现状和未来发展方向。通过这样的教学方式，学生能够在学习专业知识和技能的同时，发掘自己的兴趣点和潜力，培养创新意识和开拓能力。

总的来说，新时代的高校应该建立课程思政的育人机制（图2-2-1），在"立德树人"这一根本任务的基础上，依靠高校教师队伍，在育人过程中充分认识专业课程中所包含的思政元素，在授课过程中进一步提炼和挖掘专业课程中的思想政治教育资源，通过高校党委、各级教育教学主管部门、思想政治理论课教师之间的相互协作、取长补短、有机衔接，形成完整的内在运行方式和育人过程。

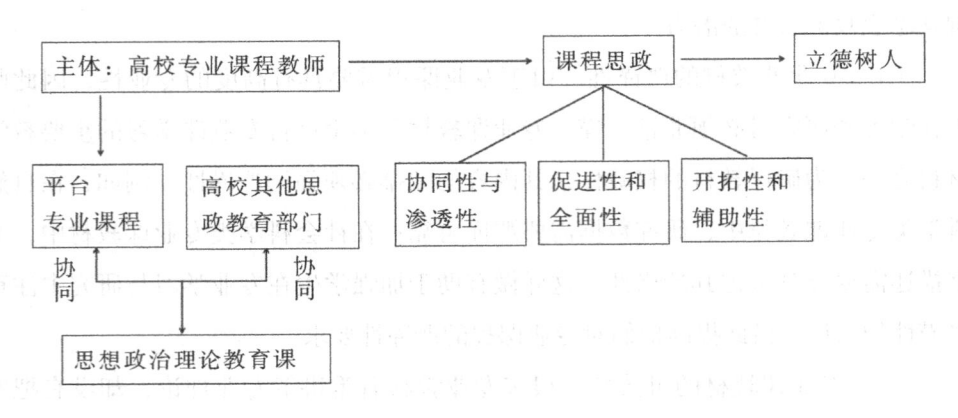

图 2-2-1 课程思政育人机制结构示意图

二、校党委重视，做好顶层设计

作为国家提倡的教育理念，"课程思政"代表了党中央的意见之一。因此，为了在高校中推广和落实这一理念，校党委须担负起宣传和执行党的路线的责任，并发挥带动的作用。

高校要落实党委主体责任制，确保制度制订能为课程思政提供保障。党委书记、校长和党委班子应当深入教学的现场，积极参与专业课教师的集体备课活动，为课程思政建设提供智慧支持，鼓励和帮助教师们作出更加出色的教学成果。党政"一把手"可以到学校为学生授课，这种直接接触的教学模式更具吸引力，能够激发学生的学习兴趣。领导层对全员育人的思想高度重视并亲身实践，成为推动全员育人进程的有效力量，从而实现了全员育人的目标。

此外，次要学科的教学工作往往由二级学院承担，因此，二级学院在人才培养工作中扮演着至关重要的角色。同样地，二级学院也是直接负责学校深入推进课程思政教学改革的部门。高校各学院党委要发挥好引领作用，组织各支部、系部按照这一总体框架做好思政育人工作，做到党建与业务有机融合，并利用线上和线下的各教工党支部组织生活、各系部例行业务工作会议组织教师学习，做到"教育者先受教育"。各高校应指导各教工党支部、各系部有针对性地收集并推送适合指导学生思想提升的材料给各教学团队，作为思政素材的有益补充。

为了实现立德树人的教育目标,须做到以下几点:第一,高校要充分利用学校党总支的功能,以二级学院为子系统建立健全思政教育机制,并使其常态化、规范化。高校领导班子要将思政教育目标与其任期目标有机结合起来,并将课程思政纳入院系事业发展规划和人才培养体系中。第二,充分发挥党支部的作用。教师支部组织员应加强对学生党员的组织能力,通过丰富多彩的支部活动,进一步突出政治功能,将育人元素贯彻到生活实践之中,营造出浓厚的党建氛围,让学生党员亲身感受到党对立德树人理念的高度关注。第三,重视教师党员的带头引领作用。有关研究表明,当教师党员深入理解课程思政的理念并将学生的个人发展与国家的命运联系在一起时,他们会在行动中对身边的学生产生极强的影响力。除此之外,高校应该鼓励教师积极地寻找和发掘可以用于思想政治教育的素材,不仅限于课堂内,也包括课堂外。同时,将分享这些素材和教学成果作为各个科目教学研讨的重要内容。

此外,各高校还应鼓励教师积极发现、主动发掘课堂内外的思政素材,并将分享素材和教学成果作为各科目的教学研讨内容加以落实。在师资指导方面,如南京大学 H 学院于 2018 年 10 月选派学工教师参加上海"深化课程思政的路径与方法高级研究班"学习,回校后实施传达。Y 学院邀请马克思主义学院 G 副教授、T 副教授至学院交流课程思政工作,G 副教授就课堂思政的概念、如何在专业教学中开展课堂思政进行了阐述,T 副教授主要阐述了课堂思政的意义和注意事项。

三、将融媒体建设与课程思政相结合

众所周知,高校新闻媒体自诞生以来就在高校育人工作中扮演着重要角色,是高校育人工作中不可或缺的重要手段。然而,随着通信技术和网络技术的日渐成熟,以手机、自媒体为代表的新媒体骤然崛起,为高校新闻媒体带来了严峻挑战,出现了传播力不足、传播效果不佳等诸多问题,导致其在思政教育体系中的地位不断下降,所发挥的作用也不尽如人意。因此,高校新闻媒体需要积极参与大思政教育体系的建设,并通过参与"三全育人"综合改革来提高自身的有效传播,以解决传播效果不佳的难题。这样,它们才能充分发挥自身在大思政教育体系中的重要作用。这是高校宣传工作者和思政工作者必须完成的重要任务。

在高校新闻传播的实践中，存在这样一个难题：一些学生对政治宣传类信息持有反感情绪，相反，对于有趣和娱乐性质的信息则有极大偏好。一般来说，人们在选择媒体信息时，更倾向于选择有趣味性、娱乐性质的信息，例如游戏、电影、电视剧等。政治新闻是高校新闻媒体不可或缺的报道内容，其主要作用是为学生提供正面思想教育和舆论引导，以达到教育引导的目的。因此，在新闻报道中，政治宣传类信息是不可少的。尽管高校新闻媒体可以在报道中增添一些有趣、具娱乐性的元素，但是不能为了迎合学生而彻底将其娱乐化和趣味化。因此，相较于高校新闻媒体供应的信息，网络上提供的纯娱乐性信息、游戏、影视剧等更加吸引这部分学生。这种情况下，即使这部分学生每天都登录高校融媒体客户端进行考勤并查阅相关信息或新闻，也很大程度上不会浏览上面的政治类新闻，从而导致这类新闻对这部分学生的传播无效。

作者认为需要采取一项补充措施，以解决此问题。该措施要求这些学生定期访问高校融媒体平台，获取相关信息，但必须注意不得引起学生的反感。根据作者的研究和分析，将高校融媒体建设与学生的课程学习相结合是一种较为适宜的解决方案。高校可以设立一门新闻相关课程，并将部分内容放入高校的融媒体平台，学生可以通过融媒体平台或其他方式学习新闻内容，同时这些学习情况可以转化为平时学分。这样，这些学生就会通过阅读融媒体的新闻信息来满足自己学习的需求。

四、改进课程教学方式方法

一方面，关于课堂教学方式方面，教师可以根据该门专业课程的特点，将专业知识技能和思想政治教育元素有机地结合在一起，形成以专业知识为主、辅以思想政治教育元素的教学形式。这种教学方法不仅可以展示该专业独特的特点和需求，同时也可以充分体现教师在教学过程中积极向上的思想教育。这种教学方法主要基于思想政治工作、教学与培养规律、学生成长规律以及知识迁移原理。针对该专业的特点，采用集体备课的方式，讨论和强调课程中的思想政治因素，呈现整体课堂效果。目前来看，使用这种教学方式在英语课中可以很好地理解中西方文化的异同和加强文化自信，在医学课堂中体现人文关怀和思想道德教育，以及在课程中注重爱国主义思想教育等方面有很好的表现。它不仅找到了教学内容的联动点，也保护了该专业的专业技能。在教学中，老师可采用以基础教学为主、辅以创新教学的方式设计课程。通过找到"润物细无声"的切入点，将理论知识转化为实践经验，从而促进教学由理论到实践的转变。具体来说，第一次课堂学习理论知识，第二次课堂应用所学理论进行实践，并检验该理论课程的教学效果。这种课程设计有利于显性教育和隐性教育的结合，充分体现该专业课程的"思政元素"。

另一方面，教师也应该给予学生更多参与实践的机会。事实证明，实践是判断真假的唯一标准，通过实践获得的经验不仅能够将思想政治教育融入课堂教学中，而且也是展现教学成果的最佳方式。因此，为了支持学生的实践发展、社会发展和创新创业的要求，教师需要采用多样化的教学方式，例如让学生参与课外实践队伍、参与大众日常生活社交活动以及参与课外网络课堂等，从而拓宽课堂教学的范围，帮助学生将课堂内外的知识融会贯通。这一方法成功地促使学生的远大志向变得实际可行。通过探索实践的方法和方向，我们引导学生，参加志愿活动，建立多个符合课程思政实践和服务性学习要求的教学基地。这样做不仅增加了学生参与实践的机会，也让他们得到了充分的训练，并在实践活动中运用到课堂知识，形成了一份满载实践教学成绩的记录。

五、转变教师课程思政理念，提升育人能力

（一）转变专业课教师课程思政理念

教育理念是关于教学方法的观念，是引导和支撑教育者开展教学活动的重要组成部分之一。教师在学生成长过程中扮演着重要的角色，不应该只是简单地传授知识，而是应该成为学生成才道路上引领他们前行的重要导师。事实上，教师们能够根据自己的学科特点和教学专业，采用合适的方法向学生传递正确的价值观。也就是说，每位教师都能讲并且可以讲好思政课。而要做到上述要求，就需要教师转变教育理念，有意识地培养自己的课程思政教育理念。

有关研究表明，专业课教师的思政教育理念对于课程思政的落实有着积极意

义。因此，高校要对专业课教师的思政教育理念的强化给予高度重视，其中新教师上岗前的培训、进修学习等是强化其思想政治教育理念的有效途径。同时学校可以组织思政学科教师与其他学科教师进行互动交流，以增进彼此之间的对话和加强学科之间的交流。很多专业课教师对于思政教育存在这样一个误区：他们认为开展思政教育是思政教师的职责，他们只需要教授给学生专业知识和技能即可，还有一些专业课教师虽然想开展课程思政，但是他们对思政教育一知半解，无法准确描述思政教育内容的构成，很难准确识别思政教育的元素和资源。在这种情况下，专业课教师就需要思政教师的指导和支持，以提高其思想水平和育人能力。加强两类教师之间的交流与协作，我们可以从学校、教师两方面入手。

首先，学校既是教师工作和学生学习的主要场所，也是教师与学生的第二个家庭。因此，学校应提供机会和平台，促进两类教师之间的合作。可以采用以下方式：通过举办座谈会、专题研讨会，以及共同申报课题等活动，将专职思政教师、教学工作处教师、学生工作处教师、资深教师和年轻教师集合起来，共同探讨关于课程思政实践的核心难题。比如高校可以定期举办研讨会，就如何实施课程思政以及实现课程思政的意义等问题展开深入讨论。对于实现课程思政这个目标来说，采取实践性教学是至关重要的，这可以帮助我们更好地了解课程思政的实际应用，而不是只停留在理论层面的探讨。总的来说，要让他们处于一种教授学生如何学习特定知识的思维模式中，以便能够有力地掌握思政教育的核心知识，使思政教育内容更好地融入专业课程的教学之中。这可以有助于消除专业教师对思政教师的误解，同时也可以促进不同学科的交流和融合，以推动学科的多元发展。学校可以利用项目申报这一优势，促进专业课教师与思政教师的合作，申请与"课程思政"相关或其他的课题，借助课题实践中的交流与协作，逐步加深专业课教师对思政教育的认识，帮助他们准确把握知识传播与价值引领的关系，明确课程育人的职责和使命。这样可以扭转传统教学理念中对知识和技能重视，却忽视价值引导和道德培育的倾向。例如，中国石油大学（华东）文学院"大学英语"课程教学的教师团队于2014年申请了题为"需求驱动、项目促成的大学英语教学生态模式构建研究与实践"的课题项目，并于2017年11月完结。这个教师团队以"学用一体"这一教学理念为指导思想，通过多年的实践和经验总结，打造了一种全新的大学英语教学模式和人才培养模式。这种模式在学习的同时能够运用英语进行实际的事务,通过实践获取新的英语知识和信息,让学生能够灵活地将理论知识运用到实践中,使得他们在课堂上所学的知识得到更加有效的应用。通过对这一课题的研究结果分析,我们可以发现,采用"学用一体"的教学理念,并在新型教学模式的指导下,不仅能够提升学生对英语学习的积极性,还能够鼓励学生勇于运用英语进行交流。这表明教育理念在进行课程改革和课程模式构建中至关重要,并且验证了课程思政格局建设的可行性,这一实验为课程思政建设提供了可靠的实践基础。

其次,可以从专业课教师的角度出发,促进专业课教师与思政教师之间的交流和协作。任何目标的达成都离不开坚持不懈的努力,课程思政目标的实现同样离不开专业课教师的努力。专业课教师不仅要将目光聚焦于专业知识,致力于提高专业素养,而且还要深刻认识到思政教育在学生成长成才中的积极意义,主动学习思政教育方面的相关知识,掌握思想政治教育的内容体系,把握思政教育的特点,了解思政教育的规律,积极探索思政教育与专业课程的有效衔接,除了自主研读教材和资料以加深对思政教育的理解外,专业课教师还可以与思政课教师及时沟通,以确保掌握思政教学内容的核心和难点,更好地将其融入专业课教学中,实现知识传授与价值引领的有效统一。

（二）提高教师的课程思政融合能力

学校应该开展各种教育活动,如组织讲座、学术报告、课程设计比赛等,利用教师的培训机会来提高专业课教师的思想政治教育意识,使得他们更好地把"立德树人"和"全员育人"等理念融入教学工作中,提高他们的思想政治教育水平。实践是检验真理的唯一标准,这就是说要验证真理,必须通过实践。因此,学校应该强化专业课教师的思想政治教育意识,并鼓励他们在具体的实践中加强育人理念,提高思想政治素养,并挖掘专业课程中的思政元素。同时,学校应该给予专业课教师更多自由的空间,让他们在知识传授的过程中隐性地进行价值观教育,从而达到更加有效的育人效果。这样才能实现专业课与思想政治理论课同向同行,达到"以文化人、以文育人"的全方位课程思政目标。

（三）提升教师课程思政理论素养

在专业课教学过程中，融入思想政治教育元素的课程被称为"课程思政"。这些元素具有各种内涵，例如思想观念、人生价值、精神追求、道德行为和理想信念等。只有深入学习并掌握思想政治相关教育理论的专业课教师，才能运用这些理论对学生施加影响，成为教育的积极实践者。学生的教育成果与专业课教师对思想政治理论素养的水平息息相关。因此，为了让教师在思想政治理论方面有更好的提升，并提高他们的教学水平，国家可以在各级、各类高校举办课程思想政治研讨会或沙龙活动。同时，可以邀请一些知名教师或专家来校指导课程思想政治的开展。除此之外，也可以创设校或院级特色课程，形成一个规范化、系统化的培训体系。

专业课教师是课程育人的直接体现者。教师要真正学习并笃信马克思主义，坚定地信仰社会主义。虽然学习思想政治教育理论并不算太难，然而要在专业课程教学中有效地融入思政理论则是一项更为困难的挑战，这需要我们具备娴熟运用思政理论的能力和素养。专业课教师在肩负起培养德才兼备的人才使命时，需要全方位提升自身素养。

六、完善课程教学评价标准

在高校教育工作中，教学评价是关键的组成部分，它可以有效地监督和引导教学工作。它涵盖了对教师、学生、教学方法和教学管理等因素的评价，起到了高校教学管理和质量监控的重要作用。为了有效地促进新时期思政课程从以往的单向育人向立体化育人的成功转变，我们需要推动高等教育改革，其中评价是实现这一目标的有效导向措施。

长期以来，我国高校教学评价的重点一直放在教师个人的学术水平和科研能力上，而非关注教师教学过程和学生学习效果，这导致教师面临更大的压力和挑战。高校教师在进行日常学科专业教学时，不仅需要关注教学效果和课堂纪律等基本问题，还需兼顾开展科研工作和将其成果转化为教学资源。然而，要在有限的课余时间内做到这些，确实不太容易。因此，在构建课程思政体系、实现全程立体化育人格局时，除了在教育理念、教材内容和教学方法等方面取得进展外，我们也应该在教学评价方面进行相应的调整和完善。对于教师的教学过程，我们需要综合考虑教师的学术和科研成果、学生学习成绩，以及对学生思想政治教育的贡献。但是，我们也要遵循不同学科发展的规律和特点，不能采用一种标准来约束所有教师。

七、职能部门构建课程思政协作机制

首先，高校应探索建立学生处、教务处、考评办、信息办、宣传部等部门之间的协同运作机制。当前，高校内各部门之间的协作较为分散。为此，高校可以从学生管理方面入手，利用数字化校园平台收集学生们讨论的热门话题，特别是和价值观相关的问题，然后将这些信息分享给各任课教师，这样任课教师就可以获得有价值的教学资源，帮助学生更好地掌握价值观念，提高他们对思政课程的接受度。

其次，开发一款教学小程序，教师可以在其中发布教学案例，鼓励学生写下课后收获，并对其知识掌握情况进行反馈。同时，教务处可以和该小程序对接，提供更好的课程服务。

再次，考评办根据教师对课程思政的参与度、学生价值取向的塑造作出质量评估。

最后，宣传部将选择那些在课程中积极引入或融入思政教育内容的优秀教学案例，以便在全校教职员工和学生中进行及时宣传报道。高校内各部门之间进行良性互动，协同配合，达到优化教学效果的目的。

八、建立课程思政平台机制

为了促进课程思政的有效实施，高校应该致力于构建更为完善的课程思政沟通交流平台，建立协同联动机制，将线下交流和线上沟通相结合。通过这种方式，可以提高专业课教师对思政课程育人功能的认识，努力构筑全员、全程、全方位育人格局。

首先，要加强专业课教师与辅导员的交流。辅导员在育人工作中扮演着非常关键且特别的角色，他们通常与学生建立更亲密的关系，对学生的了解程度也更深入。考虑到这一点，高校可以采取措施促进专业课教师和辅导员之间的交流，创造良好的师生关系，从而更全面、更深入地了解学生的学习动态。这将有助于优化和改进课程教学，实现双方教育的共同进步。

其次，高校可以建设教师备课、讲课、听课、比赛等多种形式的课程思政交流平台，使专业教师能够在不同阶段和活动中接触到更多丰富的思想政治教育元素，引导学生加强对课程思政的理解，调动其积极性，实现传道授业解惑的有机结合，增强课程思政的吸引力和实效性。

最后，积极搭建教师与学生的线上互动交流平台，创建切实可行的学习模块。教师可通过微信、微博等多种途径了解学生的思想状况，当发现学生在学习生活中遇到思想困惑时，要及时提供帮助，排解不良情绪，引导他们树立正确的人生观、价值观。有关研究表明，良好的师生关系有助于学生信任教师、尊重教师，在潜移默化中接受教师的引导，从而推动课程思政建设。

九、贯彻课程思政理念创新学生管理工作

高校学生管理工作作为高校思想政治教育的重要渠道，也有其独特的工作运行模式，无论是整体目标、核心方向还是参与主体都与课程思政紧密相连，且高校学生管理工作在实现目标与实施方式上，与课程思政的共性更是极大地促进了双方的协同发展。高校学生管理工作需要进一步以课程思政为指导，将实践与理论紧密结合起来，深化改革工作的方式方法，突显课程思政与高校学生管理工作创新共融的实效。

"大学英语"作为高校的公共课程，无论是在历史时期还是时代发展大变革的今天，都对中国的社会、经济发展起到了积极的促进作用。学生在学习过程中与西方文化接触密切，因此大学生存在着更易受西方文化浸染、更易效仿西方行为模式、更易淡化传统文化情感的三大隐患，学生的思想建设与价值引领面临着特殊的挑战，需要我们进一步思考高校学生管理工作的针对性和人文性，基于"课

程思政"理念，对大学生管理工作的新形式和新路径进行摸索与探寻。

在这方面，西南大学外国语学院坚持把"立德树人"作为学生管理工作的根本任务，紧密结合外语专业特性与学生需求，按照课程思政要求，逐步设计并执行更具时代性、针对性、实效性和科学性的学生管理工作模式，进一步加强学生管理工作团队建设。其全新的工作理念和工作模式，既是对"课程思政"理念的理解和执行，也是为课程思政的实施奠定了环境基础与条件保障，是行之有效的创新活动，对我国各院校、各专业学生管理工作的新路径与新形式提供了实例借鉴和宝贵启示。

该校将学风建设作为学生管理工作的首要环节。优良的学风将带来更好的课堂教学环境，对专业教师的课堂教学质量、"课程思政"理念的深入实施提供有利的外部环境保障。学院以社会主义核心价值观教育引领学风建设，全面贯彻"三全育人"理念，强化学生理想信念教育，充分发挥学生党团组织力量，组织开展年级之间、班级之间、宿舍之间的学习研讨，充分发挥党团学生骨干、朋辈教育在学风建设中的教育、管理和服务作用。

该学院在学风调研的基础上，设计了"玉语同行"学业帮扶加油站创新教育管理项目：依托教师团队、学生管理工作队伍与学生组织，遵循教育与自我教育、管理与自我管理、全面帮扶与个性化帮扶、扶学与扶志相结合的基本原则，打造独具学院专业特色和文化特色的学习氛围及教育管理体系[①]。其围绕提升整体学风、学业水平的总目标，从学业帮扶与生涯教育两个维度出发，构建全方位学业帮扶与全过程生涯教育两条具体路径，遵循四项基本原则，整合升级已有工作，延展拓宽思路，开展学风建设、学业帮扶、成长指导、就业指导四大类项目，实施"两早一炼"等十七项具体措施，坚持家校、校院三级协同，实现学生工作团队、教学团队与学生组织的有机联动（图 2-2-2）。

---

① 刘瑞芳. 大学生参与学校管理权问题研究 [D]. 重庆：西南大学，2017.

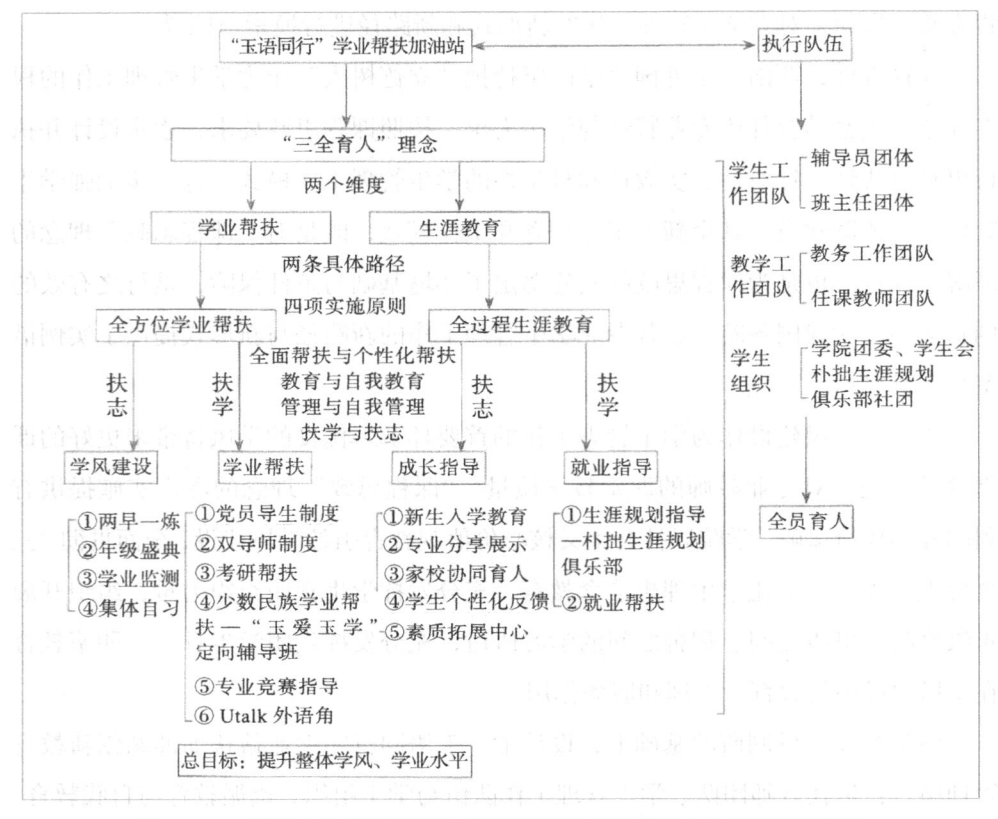

图 2-2-2 西南大学外国语学院"玉语同行"学业帮扶加油站框架结构图

十、建构课程思政行动体系

课程思政既然是一种教学行为，那从组织行为学的角度来看，要想实现课程思政的有效落实，必然要以一定的理论或理念为指导思想，需要建立完善的结构体系作为制度保障，配置相应的资源作为物质保障，组织相应的行为行动进行协调、控制，以提高教学质量和效率。要实现培养一代又一代可靠接班人的任务和使命，不能只是喊口号而已。落实"立德树人"和实施"课程思政"需要建立完善的组织结构和制度体系，同时保留高校现有的组织结构和管理体制，并不断调整和改进课程思政教学的理念和目标。通过对教学质量的反馈和改进，确保课程思政教学改革的长期稳定性和有效性，从而实现培养可靠接班人的目标。

（一）教学实施体系

在课程思政教学平台搭建方面，周月朋认为，既然课堂是育人的主渠道，那课程思政建设主体应是高校教师[①]。肖香龙认为，课程思政的实施要打造"五个一平台"，即课程建设、教材建设、教学研讨、师资互通、教学评价平台[②]。沙军提出了课程思政"20版本"来完善协同化、系统化构建，但只阐述了课程之间的协同、教学方法的系统化，只作课程思政改革内容上的完善[③]。胡洪彬在课程思政的协作问题上阐述"整体协同效力不足的现实问题依然未得到现实解决"，他认为课程思政开展的外部氛围是必须建立高校院系和部门形成的"大思政"格局[④]。史巍提出，课程思政协同育人的"关键点位"在于形成以课程为中心，其他环节为补充的各群体共同的教育场域[⑤]。江颉同样也认可"大思政格局"的理念，指出思政教师应与各学系教师开展集体备课[⑥]。

在课程思政课程教学实施方面，石书臣认为思政课程的内容主要侧重于马克思主义理论和思想政治理论，而课程思政的主要内容应该是在各类课程中增强政治意识和加强思想价值引领[⑦]。刘承功认为课程思政的教育内容为隐性的，必须通过显性的课堂教学途径向学生传授普遍的、客观的知识，把传授知识和心灵成长价值塑造结合起来[⑧]。邱仁富提出思政课程和课程思政在内容上要开展分工，明确哪些是思政课程要重点讲的内容，把思政课程不能承担的任务作为课程思政的空间[⑨]。

---

① 周月朋，丁兆明高校教师推进"课程思政"建设主体作用研究[J].北京教育（高教），2018（11）：77-79.
② 肖香龙，朱珠"大思政"格局下课程思政的探索与实践[J].思想理论教育导刊，2018（10）：133-135.
③ 沙军"课程思政"的版本升级与系统化思考[J].毛泽东邓小平理论研究，2018（10）：81-85+108.
④ 胡洪彬、课程思政：从理论基础到制度构建[J].重庆高教研究，2019，7（01）：112-120
⑤ 史巍论以"课程思政"实现协同育人的关键点位及有效落实[J].学术论坛，2018，41（04）：168-173.
⑥ 江颉，罗显克新时代高校"课程思政"建设的路径探究[J].中国职业技术教育，2018（32）：84-87.
⑦ 石书臣.正确把握"课程思政"与思政课程的关系[J].思想理论教育，2018（11）：57-61.
⑧ 邱仁富."课程思政"与"思政课程"同向同行的理论阐释[J].思想教育研究，2018（04）：109-113
⑨ 刘承功.高校深入推进"课程思政"的若干思考[J].思想理论教育，2018（06）：62-67.

值得关注的是，林坚已经开始研究习近平新时代中国特色社会主义思想进教材、进课堂、进头脑的长效机制，提出了"一体、两翼、三融、四环"的建设路径[①]。沈贵鹏围绕心理学专业的特点，运用有意识心理作用理论，分析了"课程思政"与专业课教学在教学目标、教学过程和教学方式等方面有机融合的重要性[②]。涂悦利用所在学校位于重庆的地区特点，以学生熟知的重庆特产"涪陵榨菜"作为案例教学，向学生介绍被列入世界非物质文化遗产的涪陵榨菜的制作工艺和匠人文化，从而让学生感受匠人精神，增强学生爱祖国、爱家乡的情怀与文化自信[③]。

当前学术界对于思政课程的实施的观点较为统一，他们认为不同类别的专业课程，思政教育的侧重点应有所差异。哲学社会科学类课程在落实课程思政过程中应始终坚持马克思主义，坚持中国共产党领导，坚持社会主义，将马克思主义理论作为指导思想；自然科学类课程的课程思政落实时要着重强调培养学生的科学精神，引导学生树立爱岗敬业、无私奉献的职业道德，深入挖掘杰出科学家爱国、爱党、爱民等方面感人事迹。为了确保课程思政理念的落实，有些高校采取主动措施，对某些课程的教学大纲进行调整，将思政元素融入其中。

（二）组织结构体系

首先，必须坚持高校党委在课程思政教学改革工作中的全面领导地位。对于高校的性质，习近平总书记有着明确的指示：我们的高校是党领导下的高校，这就是说高校要始终走社会主义道路，以培养中国特色社会主义建设者为宗旨。高校党委承担着办学治校的主体责任，是推进课程思政教学改革的机构，体现了社会主义办学方向。

其次，思想政治理论课是课程思政教学实施的理论基础。高校马克思主义学院作为承担思想政治理论课教学的院系，如果得到高校党委授权，也可以成为思政教学实施的指导部门，在课程思政教学改革中发挥主导作用。教学实践证明，

[①] 林坚. 习近平新时代中国特色社会主义思想进教材、进课堂、进头脑的长效机制研究 [J]. 西部素质教育，2018，4（20）：27-28.

[②] 沈贵鹏. 心理学视域中泛课程思政的特点诠释 [J]. 思想理论教育，2018（09）：66-71.

[③] 涂悦. 专业课教师实施"课程思政"的教学艺术探究 [J]. 教育科学论坛，2019（09）：46-49.

只有确立了马克思主义学院的指导地位,才能使课程思政教学改革落到实处,才能有效激发思想政治理论课教师的积极性,使之主动参与课程思政教学改革,主动承担起课程教学的培训、指导等职责,确立课程思政教学的理论权威和学术权威。

再次,思政课程教学改革属于教学行为或教学行动的范畴,按高校管理制度,教务处承担着管理高校教学行为和教师管理的职责。因此教务处是课程思政教学改革的管理部门。高校教师群体结构复杂,有的是中共党员,有的非中共党员,为了使非中共党员的教师积极参与课程思政教学改革,高校党委统战部应参与协调和监督工作。

最后,二级院系是课程思政教学改革得以落实的关键部门,承担着落实具体教学任务和强化教师个体管理的职责。因此二级院系的党组织和管理层应积极响应并具备较高的执行能力,这是保证课程思政教学改革能够顺利进行并落实到位的关键。

(三)制度保障体系

大部分高校在践行课程思政教学改革初期,通常采取党政公文、会议和评比等形式,并取得了显著的效果。但是课程思政教学理念的进一步落实仅靠某一项评比奖励、表彰成果或科研成果是远远不够的。这是因为通过举办活动来推进工作的方式可能具有快速启动和短期效果明显的特点,但如果没有以制度为基础的保障,这些活动很容易成为短暂的火花而无法持续发展。因此,高校首要任务是将课程思政教学改革与学校的办学方针、办学理念充分结合,制订好顶层规划,使高校培养社会主义合格建设者的使命得以彰显。其次,需要在学校党委和领导班子层面达成一致,明确实施意见,统一思想认识,规划课程思政教学改革的目标和责任制度。此外,必须确保学校层面的课程思政实施计划可行,只有这样才能确保课程思政教学改革能够顺利运行,并且长期贯彻落实。最后,加强课程思政资源保障,尤其是权力分配。在学校内部,高校党委要分别给予负责课程思政教学改革的组织管理、指导牵头及落实保障的各部门相应的教师管理、教学管理及课程思政资源(包括人力资源和财力资源)调配的直接权力,从而做到保障有力、权责一致。

(四)师资保障体系

教师承载着传道授业解惑的重任,要想成为真理的传播者,最首要的任务是相信真理、掌握真理。为了使高校教师明道、信道,高校需要通过系统化的课程思政教学改革培训,使所有任课教师都能够准确地理解和掌握课程思政的目标、意义和方法,这样才能够实现对课程思政的内涵实质和"思政"内容的全面覆盖。校党委需要持续加强教师的思想政治工作,以提高教师群体的政治素养和培养学生的能力。为了确保培训的实效性和持久性,学校管理层面要组织安排分阶段的培训,同时还需要建立一套培训效果评价的机制。在日常教学过程中,为了落实学校课程思政工作的统筹要求,各教学单位应和马克思主义学院建立常态化的课程思政教学联系制度。这种制度可以帮助实现思想政治理论在课程思政教学中的引领和指导作用,并挖掘学科知识点中所包含的思想政治元素。同时,该制度还可以通过与思想政治理论课教师共同备课、调整教学大纲、进行示范教学等措施,不断协同育人,实现知识类课程与思想政治理论课程同向同行。

(五)反馈评价体系

首先,树立底线意识,设立监控机制。当前高校中存在这样一种普遍现象:高校的众多专业课教师并不是由毕业于思政专业的人员担任,这就导致并不是每一位专业课教师都具有深厚的社会科学和人文学科背景,他们不可能在每一节课上都将"思政"内容讲得生动有趣,鞭辟入里。因此,在课程教学督导过程中,有关人员必须确保专业课教师不会发表违背社会主流价值观念或对特色社会主义道路、党的领导等提出质疑的不当言论,这是课程思政的体现,也是必须坚守的底线。这一监控体系需要依靠学生教学信息员团队、学生网络评教平台以及学校相关部门对网络舆情的监测。

其次,对课程思政实施效果开展综合评估。在校大学生是评判课程思政的主体,为了保证评判效果的真实有效,高校可采取问卷调查的形式评估课程思政实施的总体效果。同时高校要建立健全奖惩机制,将是否在教学过程中落实课程思政教学理念作为教师绩效考核标准,对于较为成功地履行课程思政教学任务的教师进行奖励。

第三章 高校英语教育中的课程思政

本章主要论述高校英语课程思政的必要性和可行性、高校英语教育中推进课程思政建设的意义、课程思政背景下高校英语教学现状以及高校英语课程思政教学改革措施。

第一节 高校英语课程思政的必要性和可行性

一、高校英语课程思政的必要性

（一）新时代新使命

英语学科的课程为什么要实施课程思政？最显而易见的原因是服从国家大政方针的需要。在国家全面推进高校课程思政建设，要求充分发挥每门课程育人作用的形势下，高校英语专业和大学英语课程作为高等教育和高校课程的重要组成部分，自然应当充分发掘英语课程及其教学方式中所蕴含的思政教育资源，使英语课程思政与思政课程同向同行，形成协同效应。在此背景下，很多学者也纷纷提出大学英语课程思政的必要性：作为高校普遍开设的通识教育必修课程，大学英语因其覆盖面广、社会关注度高、内容灵活多样等特点而成为落实课程思政的"重要阵地"和"排头兵"。

对于外语教育而言，课程思政有着特殊意义，因为这是新时代新使命的要求。我国参与全球治理、推进"一带一路"建设等治国理政的新理念都要求我们外语教育的政治站位要高、格局要大，要以培育书写"全新的世界史"的外语人才来重新定位中国外语教育的使命。大国外交和大国形象的构建离不开年青一代的努力，不同专业背景的学生具有"外语+"内涵建设的根本属性。在教育他们成才的过程中，大学英语作为公共基础课和核心通识课，其思政要素与课程的深度融合是人格养成的必备条件，要体现"大外语的思想站位，承担文化输出之责，潜移默化熏陶学生，涵养品质，提高素养"，尤其是当全球化不断深化的进程中屡屡出现价值观念和意识形态之间的碰撞冲击时，要教会学生充分利用英语这个工具，架起沟通的桥梁，消除冲突，深化交流，传递中国声音。此外，有研究者认为，各学科间的交叉整合、国际平台上的学科交流都需要具备批判思维、语言能力和沟通技能的专业人才，而只有当专业人才拥有坚定的理想信念时，方能拓展学科的广度，挖掘学科的深度，推进国家的全面发展。

（二）人文学科的内在育人基因

在探讨英语课程思政的必要性时，研究者多从英语的学科属性归属上进行了探讨。大家普遍认为，无论是外语专业教育还是公共外语教育，语言文学的本质决定了语言文学教育的内涵是人文教育，属于人文学科。人文素养教育是人文学科的内在价值和功能。

从语言属性看，英语不仅仅是人们交流的工具，还是思维的载体，是特定思想文化的载体。历史的发展、社会的变迁、自然的演进、科技的创新、经济的发展与繁荣、文明的更迭与兴盛、思想的交锋与交流、文化的多元与碰撞，以及意识形态与价值观等人类生活的方方面面，无不通过语言加以呈现、表达、记载、传播。习近平总书记指出，"沟通交流的重要工具就是语言。一个国家文化的魅力、一个民族的凝聚力主要通过语言表达和传递。掌握一种语言就是掌握了通往一国文化的钥匙。"[1]

一方面，在大学英语课程中，学生有机会接触大量的英文材料，包括西方国家的历史、政治、文化、风俗等方面的内容。这些信息不仅可以帮助大学生了解不同文化间的异同，增进他们对不同文化的理解，也可以通过跨文化教育，让学生更好地了解国外的社会与文化。在跨文化教育当中最重要的一点是树立文化自

---

[1] 崔国鑫. 高校外语专业课程思政建设思考与探索[J]. 国家教育行政学院学报，2020（10）：37-42+77.

信，培养对中国文化的理解和阐释能力，并由此提升道路自信、理论自信和制度自信。如果在英语教学中一味推崇西方文化，就会使学生对西方国家逐渐产生盲目崇拜，进而对本民族的传统文化缺乏足够的自信与理性认知。此外，由于学生的世界观、人生观和价值观尚处于形成期，对外来文化和思潮缺乏辨别力，因而当其频繁面临中西文化的碰撞和冲突时，容易被外来文化糟粕所误导。

另一方面，人文素养教育的核心意图在于指导学生适宜的行为方式，包括如何妥善处理个体与自然、社会的关系、个体与个体的关系以及理性、情感、意志等方面的课题。在全球化的背景下，教师需要培养学生具备跨文化交流的能力。这意味着教师需要教授学生思想文化和语言知识之间的关系，并帮助他们在跨文化交流中理性分析信息，判断真假，接受外来文化的同时更加坚定文化认同和信仰。通过这种方式，将帮助学生建立正确的世界观、人生观和价值观，从而巩固社会主义理想信念。《国家中长期教育改革和发展规划纲要（2010—2020）》提出，中国文化传播的文化教育目标是使学生成为文化交流的使者，使他们在进行学术交流的同时，也能较深入地将历史悠久的中国文化介绍给感兴趣的外国人。大学英语课程蕴含着丰富的人类文化基因和价值范式，作为学生学习语言，了解英语国家语言文化的窗口，它无疑承担着这一重任。大学英语课程也因为语言工具价值与人文价值并存的特点而在课程思想政治领域大有可为。

（三）语言与意识形态的紧密关联

正如语言是文化的载体，语言也是意识形态的载体，承载价值观念和意识形态。语言教学是一种与文化、政治意识形态关联的社会、文化生产和再生产的政治行为，因而传授一种空洞的语言是不可能的，传授语言的过程本质上就是传授意识形态的过程。从这个角度来看，英语课程本质上具有较强的思想政治属性，也蕴含丰富的思想政治教学资源。

黄国文从语言本体的价值蕴含角度对此进行了较为详细的阐释[1]。他认为语言（语篇、话语）反映现实，构建现实。因不同的发话人和受话人、不同的交际目的、不同的场合、不同的交际方式等因素，话语会表达不同的意义，也会直接表达或

---

[1] 黄国文. 思政视角下的英语教材分析[J]. 中国外语，2020，17（5）：21-29.

隐含一定的价值取向。就语言、文化、文学研究而言，从来就没有离开政治的无价值判断的讨论。

孙有中从英语教学内容的角度指出，外语类专业的教学内容大量涉及中外社会制度、价值观、宗教信仰、生活方式等方面，因而如何通过课程教学有效塑造学生的政治思想和道德品质，显得尤为重要和迫切[①]。由于大学英语课堂教学少不了对英语所包含的西方文化和意识形态等方面的介绍，因此如果我们的外语教学不重视意识形态和价值观问题，没有意识到内嵌于教学内容中的思想文化元素对学生的巨大影响力，那就无法回答培养什么人，怎样培养人，为谁培养人的根本问题。

（四）人的全面发展需要

英语教学中融入思想政治教育也是出于培养"全人"的需要。很多学者都从大学英语的定位和教学目标入手，指出大学英语既然定位为"公共基础课程和核心通识课程"，那么通识教育的内涵是全人教育，即"培养全面发展的人"。因此，大学英语教学的内容之一就是开展内省的立德树人教育，而不是仅局限在外向性跨文化交际教育。也有学者从大学英语的人文学科属性提出培养全面发展的人才的必要性，例如蒋洪新认为，"从根本上说，外语教育是一种人文教育。人文教育旨在培育人类的信仰、情感、道德和美感，是一种自由全面发展的教育"[②]。因此可以说，语言教学的人才综合素质培养与全面发展的目标，与思想政治教育殊途同归。

魏勤和黄智燕、文旭等从全人教育入手分析英语课程与思政教育的自然融合。他们认为全人教育是以人为本的教育，同时也是博雅和通识教育，其目标是培养具有广博学识、崇高道德和心智的学生。从《大学英语教学指南》对英语课程的定位来看，大学英语课程应该采用全人教育理念。有学者提出，全人教育不仅是一种教育理念，而且是当代外语教育的育人模式，应重视在潜移默化中对学生进行"情感激发，价值引领和精神塑造"。由此看来，当通过大学英语课程实施全

---

① 孙有中.振兴发展外国语言文学类本科专业：成就、挑战与对策[J].外语界，2019（1）：2-7.
② 蒋洪新.新时代外语专业复合型人才培养的思考[J].中国外语，2019，16（1）：1+11-14.

人教育时，应于传授语言知识的同时，采取渗透式教育，启发学生心智，完善学生人格，而这正是课程思政所倡导的教学模式。思想政治教育有利于塑造学生人格，其效用不言自明，如与实施全人教育模式的英语课程目标结合，可达到事半功倍、润物无声的效果。

二、高校英语课程思政的可行性

（一）大学英语教学与思想政治教育具有独特契合性

习近平在北京主持思想政治理论教师座谈会时，曾多次强调，要用新时代中国特色社会主义思想来教育人才，贯彻党的教育方针和人才培养的根本任务。要成功办好思想政治理论课，最根本的是要全面贯彻党的教育方针，解决培养什么人，为谁培养人，怎样培养人这一根本问题[1]。

首先，无论是教学活动的设定还是学科教材的选择，都应始终紧扣德育这一核心主题。除了五门必修课程之外，高校还存在一些隐性的思想政治教育。这些课程的最终目标是通过提升思想道德素质，促进身心全面发展，培养学生的综合素养。教育者的思想道德素质的提高可以受到多种因素的影响，包括教育者的个人思想倾向、教学方法的应用、专业知识和政治意识的融合等方面。高等教育是以课程为基础，因此只有教育者能够巧妙地利用课程的穿透力，才能够使学生在大学环境中不断提高自身的道德素养。从表面上看，英语教学似乎是受西方思想影响最深远的学科，和大学汉语或心理健康教育课程似乎没有什么相似之处。然而，从对大学英语课程大纲的研究中可以明显观察到，大学英语教学仍然注重培养学生全面的品格和道德涵养，这意味着教学方向仍然把道德教育作为首要目标。相较于其他科学和工程课程，英语课程包含更为丰富的教育内容和课程项目。尽管以英语为表达形式，但内容仍涉及与思想政治相关的主题和观点。因而可以表明，大学英语和思想政治教育在培养人才目标、教育课程、教学理念等方面相互契合。虽然强调价值观的教育和学校道德课程的地位被边缘化，但现今大多数大

---

[1] 李平，王聿良，吴美玉，等．"大学英语"课程向"课程思政"拓展的可行性研究[J]．淮海工学院学报（人文社会科学版），2018，16（10）：137-140．

学生都必须面临就业和继续受教育的重压。高校大学英语"课程思政"工作进程不应该受这些困难影响，因为高等教育的根本目标仍然是提高学生的专业知识水平和思想品德修养，鼓励学生展开德智体美劳全面发展。

（二）大学英语与思政教育在国际视野上高度统一

全球化的趋势需要我们继续注重思想政治教育和大学英语的教育，以适应日益复杂和多样化的发展进程。当提及全球化时，我们自然而然地想到"跨文化交流的能力"。通过将思想政治教育与英语学习有机结合，学生们可以增强自己的国际视野和理解能力。无论是将思想政治教育融入英语教学中，还是在英语学习中引入相关的思想政治教育内容，运用这些方法都能达到这一目的。对于国际理解能力，学术界所倡导的是，在世界各个领域，无论是社会、文化还是经济方面，国家都应该持有宽容、理解的沟通态度。这类似于英语课程中强调个体差异和需求。英语课程致力于发展学生的技能、拓展跨文化认知和培养爱国情感，以提升其道德品格。通过学习英语，人们不仅可以理解英语国家的文化，还能够了解各国别具特色的文化，进而开阔国际视野，提高文化认同感和自信心，同时也有助于培养爱国主义和民族情感。通过在教学过程中传达文化信息，学生对本国和外国文化的了解更加深入，同时养成了客观看待外国文化的态度，有助于扩展他们的国际视野。思想政治理论课比其他基础课程更注重国际视角，因此在大学生的必修课程中具有独特的地位。在迅猛发展的信息时代，学生团体难免会受到不良观念的影响。此外，由于他们自身对于道德准则的理解相对较浅，因此更容易受到不良思想的影响。要想解决这一根本问题，仅仅消除不良文化是不够的，必须采取更加深入的措施。只有拥有正确的国际视野能力，我们才能避免被不良思想所影响，做出正确的指导。正确引导和教授思想政治教育课程，可以更有效地帮助新时代的大学生进行学习。因此，要想从中国的视角正确地站起来，必须先深入了解中国并充分培养大学生正确的价值观。在全球范围内，为了提高学生的国际视野，思想政治教育在教学目标、特点和内容方面都秉持立足中国国情的原则，旨在让大学生对中国的历史与现实有更深刻的认识，帮助他们选择符合中国国情的正确价值观。

（三）大学英语与思想政治教育协同效应强

大学英语是高校所有非英语专业学生都必须学习的一门课程，其课程范围广泛且学习时间长久。传统的思想政治理论课只有一学期的课程周期，每周的授课时间很短。但是思想政治教育是一个很长时间的过程，想在短时间内依靠有限的思政课程来解决很多问题，这样做根本无法有效提高学生的思想政治水平，也无法达到推进学生全面发展的育人目标。大学英语是高校必修课之一，教学时间为两学年，即四个学期，几乎覆盖了学生大学生涯的一半。这也完全符合思想政治教育所需的长期性教育。像其他学科一样，大学英语的课堂教学也应该以马克思主义世界观与方法论为指导。根据《大学英语教学指南》的分析，随着中国在国际上的地位日益提高，英语学习的原因也变得更加复杂。因此，建议通过学习和使用英语，了解西方先进理念和技术，学习其他国家优秀的文化和思想，从而提高中国文化实力，推动中国文化和思想在全球范围内的传播。此外，该教育理念提倡以学生为中心，采用英语教学方式促进学生全面成长，这不仅能够传授知识和培养技能，还能引导价值观的塑造。这种教育理念与思想政治教育的目标高度相似，均强调在培养学生的思想上加强对社会主义核心价值观的认同，并在实践行动中得以体现。由于大学英语教学的本质以及其内容的多样性和教学方式的广泛性，难免会包含涉及西方政治、文化、经济和社会热点等方面的主题。这种特点与其强调的课程思政工作相辅相成，因为该工作是自然而然的，不会引起学生的反感，具有潜移默化的思想政治教育效果。为了符合教育文件的要求和高校人才培养标准，传统的"背诵式"英语教学正逐渐向更加创新的教学模式转变。在大学英语教学中，过去单一的知识讲授教学逐渐被启发式和讨论式教学所代替。同时，借助电子设备、图片和音频等多种教学形式也越来越常见。英语教师现在注重培养学生的思想道德素质，不再只注重传授语言知识，而是更多地以学生为主体，关注他们在英语学习中的表现，并探讨、分析、反思和改进他们在语言运用能力方面遇到的困难。这一连串改变和创新为思想政治教育融入大学英语教学过程提供了有力推动。虽然大学英语课程和思想政治教育看起来没有任何关系，但是实际上这两种课程之间有许多相似之处，如果在大学英语课程中融入思想政治元素，将会使得大学英语的教育效果大大提升。事实上，大学英语教育也可以发挥思想政治隐性教育的作用。因此，大学英语教育和思想政治教育之间互为促进，形成协同效应。

第二节　高校英语教育中推进课程思政建设的意义

英语教育受众面广、影响力大，在高校人才培养中地位非常重要。面对新时代赋予的培养具有中国情怀和国际视野的国际化复合型人才的使命，高校英语教育要努力提升人才培养质量，实现育人和育才相统一。在高校英语教育价值塑造、知识传授、能力培养"三位一体"的人才培养目标中，价值塑造是第一要务。当前，我国英语教育存在着专业教育与思想政治教育"两张皮"现象，重语言教学、轻思政教育，强工具性、弱人文性，教书和育人相脱节现象还一定程度地存在，未能很好形成育人合力、发挥出课程育人的功能。新时代在高校英语教育中全面推进课程思政建设，把教育教学作为最基础最根本的工作，赋价值观引导于知识传授和能力培养之中，帮助学生塑造正确的世界观、人生观、价值观，实现知识传授与价值引领的融合，是英语教育落实立德树人根本任务的战略举措和全面提高人才培养质量的关键一招，主要在以下几个方面有着十分重要的意义。

一、有助于引导学生坚定理想信念，塑造正确的世界观、人生观和价值观

英语学科作为中西方文化碰撞交融的前沿学科，教学内容大量涉及国外社会制度、宗教信仰、生活方式等层面，因而在英语教育中推进课程思政建设、引导学生坚定理想信念意义重大。英语教育的自身特点决定了教材选用的英语化特征，教材内容主要来源英语作者（主要是英美作者）的语言材料，教师课堂授课的重点也大多放在英语文化上，因此教材内容中有关中国文化的题材较为缺乏，久而久之形成了一种"中国文化失语"的现象。因此，在英语教育教学中增加中国文化的内容，把中国文化作为课程思政的基点，可以引导学生了解世情国情党情民情，增强对党的创新理论的政治认同、思想认同、情感认同，坚定中国特色社会

主义道路自信、理论自信、制度自信、文化自信。

与此同时，高校英语专业学生长期学习外国语言和文化，容易被目的语语言所承载的思想意识和价值观念渗透侵蚀，对自身的世界观、人生观、价值观形成潜移默化的影响。因此，在英语教学中加强课程思政建设，有助于培养学生的道德素养和价值观念。具体操作上，教师可通过对语言素材的分析，引发学生对话题的探讨和思考，使学生明辨是非、判断善恶，并建立正确的世界观、人生观、价值观。同时，还可以激励学生主动践行社会主义核心价值观，将个人、社会、国家的价值要求有机融为一体，进一步提升学生的爱国情感、职业精神、诚信意识以及友善品质。

二、有助于英语教育回归人文教育的本质，提升学生人文素养和跨文化能力

英语教育在本质上是人文教育，需要回归人文教育的学科本位，强化人文学科专业属性，强调知识传授、能力培养与人格塑造相结合的全人教育。从这个意义上来讲，英语教育的出发点是人的教育。我国英语教育旨在培养具有中国情怀、国际视野和人文素养、跨文化沟通能力的复合型人才。具体来说，就是在素质方面具有正确的世界观、人生观和价值观，有良好的道德品质和崇高的社会责任感，有开阔的国际视野和深厚的中国情怀，有良好的人文科学素养、开拓创新的意识和团队合作的精神；在能力方面具有扎实的英语听说读写译技能和良好的英语综合运用能力，有对不同国家、不同民族、不同地区人民的生活方式、思维方式和文化习俗等的感悟理解能力和进行跨文化交流的能力；在知识方面不仅要系统掌握语言知识，还需要了解一定的哲学、艺术、文化知识以及经济社会发展各领域的专门知识。

在英语教育教学中推进课程思政建设，将价值塑造、知识传授和能力培养三者融为一体，有助于英语教育回归人文教育的本质，帮助学生从掌握语言技能向全面提升人文素养转变，使其开阔人文视野、丰富完善知识结构、提升思辨能力，成为具有中国情怀、国际视野和跨文化沟通能力的复合型人才。

三、有助于引领学生厚植家国情怀，积极服务国家经济社会发展

新时代的中国作为全球第二大经济体，作为多边主义和全球化的倡导者，以前所未有的广度、高度、深度参与和引领全球治理，已经成为全球治理的参与者和领导者之一。进入大国外交时代的中国与世界各国在政治、经济、文化、外交等多个领域进行全方位互动，积极促进文明互鉴，构建人类命运共同体。在此背景下，国家经济社会发展对具有全球视野、通晓国际规则、熟练运用英语、精通中外谈判和沟通的高素质国际化专门人才，以及参与"一带一路"沿线国家建设的熟练掌握英语的各类专业技术与管理人才的需求愈发迫切，对全体公民的国际素养提升有了更高的期盼。

在英语教育教学中推进课程思政建设，可以通过大力弘扬以爱国主义为核心的民族精神和以改革创新为核心的时代精神，教育引导学生深刻理解中华优秀传统文化中讲仁爱、重民本、守诚信、崇正义、尚和合、求大同的思想精华和时代价值，教育引导学生自觉把小我融入大我，不断追求国家的富强、民主、文明、和谐和社会的自由、平等、公正、法治，在服务国家经济社会发展中实现自己的人生价值，为促进改革开放、经贸合作、人文交流和全球治理等作出自己的贡献。

四、有助于提高国家文化软实力，促进对外文明交流互鉴

"国之交在于民相亲，民相亲在于心相通。"[①] 在实施"一带一路"倡议和构建人类命运共同体的新时代，民心相通尤为重要。"民心相通"的基础是不同语言文化的相互交流、相互理解和相互融合，其根本在于文化互通、语言互通。开展不同民族、文化和文明间的对话才能真正实现"政策沟通、设施联通、贸易畅通、资金融通、民心相通"，而语言在不同文明对话中发挥着日益重要的作用。我国在与世界各国开展文明交流互鉴过程中，需要提高国家文化软实力，培养一大批具有中国情怀和国际视野的国际化复合型人才，借助外国语言来传递中国声音、讲好中国故事、弘扬中国文化、展示中国形象，推进中华文明对外传播，让世界更好地了解中国，让中国更好地融入世界。

---

① 罗圣荣．一带一路与中国—东盟互联互通 [M]．昆明：云南大学出版社，2022．

英语教育的人才培养目标不仅是培养语言交际者，更要培养文化传播者。在英语教育教学中推进课程思政建设，可以帮助学生加深对中华优秀传统文化的理解，教育引导学生传承中华文脉，在使用外国语言传递中国声音、讲好中国故事时富有中国心、饱含中国情、充满中国味，有助于提高国家文化软实力。

第三节　课程思政背景下高校英语教学现状

高校英语课程是高校全面贯彻党的教育方针，适应改革开放需要的重要课程，承担着传授英语知识、培养英语综合运用能力和正确价值引领的双重任务。高校英语教学必须紧跟新时代、新形势，适应培养建设中国特色社会主义现代化强国人才的需要。但当前高校英语教学中存在一些落后于新时代、新形势的要求，亟需解决的问题。

一、高校英语教师思政意识不强

高校英语教师由于长期受到传统教育观念的影响，没有在英语教学中融入思政教育的意识，更没有主动把思政教育融入课堂教学。在英语教学中，无论是教学目标的确定、教学过程的设计、课后作业的布置，还是考核评价办法的制订，都只是围绕学生听、说、读、写、译等语言知识和技能水平等考虑。在课堂教学中，只围绕英语听、说、读、写、译进行讲授，只注重学生英语语言综合运用能力的培养，没有对学生进行思政教育，使英语课堂教学失去了思政功能。有的教师对"课程思政"的认识不端正，认为思政教育是思政理论课教师和辅导员的工作，作为英语教师，在课堂内的职责只有传授好英语知识，培养好学生综合运用英语知识的能力。上述种种情况不利于甚至阻碍英语课程执行英语课程思政的教学模式。

二、英语教材内容更多展现的是英语国家的价值观念与意识形态

为保证英语语言传授的地道性，高校英语教材选用的几乎全是英语本土人的

作品。这些作品内容灵活广泛，涉及政治、经济、历史、社会、文化等诸多方面，展现的是英语国家的价值观念与意识形态。使用这些英语教材，在长期的教学过程中，学生学习的是如何用英语表达西方的文化，讲西方的故事，学生直接或潜移默化地受到西方文化和意识形态的影响。这种长期的影响，可能使学生接受西方文化习俗、价值观念，不利于学生社会主义核心价值观的树立，不利于学生坚定中国文化自信，不利于学生用英语讲好中国故事。

三、高校英语教师缺乏开展课程思政的有效方法

高校部分英语教师每节课仅仅确定知识和能力方面的教学目标，并未养成每节课都要明确思政教育目标的意识，还不具备确定恰当的、适合教学内容和学情要求的思政教育目标的能力。高校英语教师在学生时代受到的教育，除了思政课之外，都只是学科知识的学习，导致思政教育是薄弱的，甚至没有思政教育。走上教育工作岗位后，教师只偏重学科知识学习，因此用以进行思政教育的理论、观点比较缺乏，开展思政教育的技能、技巧比较薄弱。这表现在不能很好地挖掘英语教材中的思政教育元素，无法找到教材中思政教育元素与思政教育内容的最佳契合点，教学过程中不会找准融入思政教育的最佳时间点，这导致高校英语教学缺失了正确的思政功能。由于高校英语教学开展思政教育是新的教学模式，想要做好还要不断探索、总结、提高。教师即便有了主动实施课程思政的意识，而在具体实施过程中英语知识教学和思政教育的结合也可能是不自然、不融合的，甚至使思政教育出现"生拉硬拽""牵强附会"的现象。由于教师没有自然而然的思政教育的恰当教学方法，教师想要学生达到的道德体验往往是生硬地塞给学生的，学生得不到足够感知与体验情感意识的机会，只是被动地接受。因为没有较强的说服力，难以让学生对想要达到的思政教育目标产生共鸣，所以思政教育效果欠佳，达不到思政教育的目的。

过河要有桥或船。要想实现目标，必须有好的工作方法，否则也可能是白费力。上述的种种情况说明如何将高校英语教学与思政教育有机结合，全面、充分发挥高校英语课程的育人功能，必须提高英语教师的思政技能，不断改进、丰富、优化教学方法。

第四节　高校英语课程思政教学改革措施

一、高校英语课程思政教学方法改革

教学方法是教师为了完成育人目标、实现教学任务而采用的途径与措施，它是教师与学生双方互为促进、相互作用的重要手段。教学方法在课堂教学环节起着非常重要的作用，选择合适的教学方法无论对于育人效果还是学生未来职业发展都具有深刻影响。为了办好思政理论课，高校应当以多元的形式切入，不断探索丰富教学形式，创新教学方法，提高课程思政亲和力与针对性。首先是要改变传统的教师讲、学生听的模式，而是采取常常提问，互相交流的方法，通过引导增加学生课堂参与感，给予学生更多话语权。

不难发现，与其他学科相比，高校英语课堂教学形式更生动、教学内容更灵活、思想教育氛围更浓厚，学生对在英语课程中穿插思想政治教育认可度更高。因此，教学过程中，可以通过诱导、启发、沟通交流等多种形式充分挖掘英语课程中的思想政治元素，寻找契合点把思想政治资源融入听、说、读、写、译的全过程，这样有利于师生之间平等开放的关系建立，给予学生更多自主性，激发学生深入思考问题的热情与积极性，这种参与性实际上是学生对于专业知识与思政理论的思考与接受的过程。教师应当时刻牢记立德树人教学理念，在日常工作生活中多留意、积累有益于开展"课程思政"的素材，围绕学生感兴趣的热点问题对学生开展思想性与实践性教育，促进教与学深层交流，实现课内与课外德育的有机结合，使政治课更接地气，更吸引眼球。挖掘高校英语课程知识传授中的政治教育内容并不一定要提前准备，而是做到"课程思政"理念进课程、进头脑、入人心，做到内化于心，外化于行，对于课程中的思想政治教育做到信手拈来，自然融合。将深奥繁杂的知识以通俗易懂的形式教给学生，将枯燥的思政理论以生动巧妙的方式触及学生灵魂，借助更多微课堂、微视频、影视、音频以学生喜闻乐见的方式塑造学生价值观，推进高校英语"课程思政"工作步入新台阶。

其次，通过完善评价机制激发学生学习兴趣。传统评价机制借助考试了解学生学习成果，目的是提高学生学业成绩。而全新的评价机制应当注重全过程评价，

除了提升学生学业成绩，更多的是激励学生课堂学习的主动性。在高校英语教学进程中，时刻关注学生真实反馈，适时进行测试以把握思政教学成果，激发学生自主学习与思考的主动性与积极性，增强育人实效。教师也可有意识引导学生以批判的眼光看待西方政治生态与文化思潮，对中国政治体制与主流价值观持客观理性态度，在文化比较中明确社会主义核心价值观的优越性，增强民族信心与自豪感。

二、高校英语课程思政教学内容改革

一门语言的学习，不仅要对这种语言本身的结构进行掌握，还要对该语言背后所依附的文化背景进行了解，从而拓宽学习者的文化视野，丰富其文化底蕴。"这就要求英语教学要把语言文化和文化有机地结合起来，使二者同步发展，结合语言教学的内容，适时地介绍中西方在社会风俗、生活方式、价值理念、思维方式、宗教信仰、民族心理等方面的差异，以提高学生的文化素养。"[①] 在英语文化教学内容中，融入中国传统文化，树立学生本国文化的主体意识；在英语语言教学中进行思政教育的渗透，加强社会主义核心价值观，有助学生思想素养的提升，也利于学生树立正确的三观；在英语实践教学过程中，教师主动深挖思政教育的育人元素，增强学生的文化意识，提高品德修养，在实践中去落实立德树人的根本任务。

（一）英语文化教学过程中融入中华优秀传统文化的教育

社会主义核心价值观的践行离不开中华优秀文化教育的传承。英语是一门文化体验课程，伴随文明冲突成为世界冲突的趋势，高校英语教师需要培养学生跨文化交际的意识和国际视野的能力。在英语文化教学中，教师以点带面帮助学生深入了解西方文化发展脉络、文化思潮，并及时做好思政教育，把中华优秀传统文化融入英语文化教育当中，这样既可以让文化学习的理念扎根于学生的内心，又有助于扩大学生的国际视角和思维方式，还可以让学生在认识全球社会存在的重大共同问题时，提高判断、鉴别和处理能力。

---

① 戴雪梅. 高校英语专业教学中渗透思想政治教育的研究 [D]. 西安：西安科技大学，2018.

英语文化教学中教授西方国家的交际礼仪和习俗，英语教师在教学中针对出现的中西方文化进行比较教学，以英语课程教学内容和形式为抓手，融入中华优秀传统文化，培养学生本国文化意识和文化自信。教学过程中，英语教师着力厚植学生的家国情怀，结合教学主题内容组织学习中华传统节日的主题学习活动，在学习西方节日的同时，树立学生本国文化主体意识，提升学生素养、文化意识和文化知识，让学生在文化学习的过程中吸取知识、感悟人生，从而塑造学生的文化品格。如学习 Mid-Autumn Festival 中秋节话题时，首先是明确中秋节的内涵意义：团圆、和谐、敬老；其次引导学生正面理解嫦娥奔月的故事，表明嫦娥是在面对坏人时自我牺牲；最后结合我国科技进步，给学生讲述以"嫦娥"命名的探测器，在几代人的辛勤开拓下成功发射 5 颗卫星，激发学生科技自强梦。

英语教学不只是一门语言教学，也承载着文化教育、德育及思政教育的使命。学生学好英语的同时不仅能传承中国优秀传统文化，还能站在国际视野的角度去讲好中国故事和传播社会主义核心价值观。

（二）英语语言教学过程中加强社会主义核心价值观的引导

英语是一门语言实践课程，在英语语言教学过程中，有意识地强化思想教育，将社会主义核心价值观与语言知识能力同时作为教学目标去实施。通过语言知识点的丰富内涵去渗透正确的价值观，在语言技能的反复操练当中刺激学生积极的情感体验。

语言承载着人们价值观，是一种思想文化载体，西方国家具有技术上和资本上的优势，他们把本国文化与其核心价值观相结合，多方位对我国人民进行价值渗透，对国人意识形态造成破坏。英语教学处于中西方两种语言及其文化价值观冲突的前沿，如果高校学生无法在学习英语语言文化的同时，保持对马克思主义价值观的坚定立场，这种价值冲突将导致其原本的价值观被渗透、意识形态被殖民。我国社会主义核心价值观是对马克思主义科学价值观的延伸，故而在英语教学中要挖掘含有社会主义核心价值观的学习元素，让学生拥有坚定、正确的马克思主义科学价值观。

在文明社会中，语言是人际交流的重要工具。尽管英语是一种语言，但与西方文化紧密相关，在英语语言表达中，反映着不同文化间的差异，并且在文学作品中深刻地展示了资本主义的影响。在文化教学中，英语教师需要探究其背后的内涵，比较不同文化之间的异同，以此将爱国精神融入英语教学中。如当谈到海伦·凯勒的成功被视为美国梦实现时，如果学生对西方文化缺乏深入理解，很容易简单地认为"美国梦"是一件了不起的事情，并可能导致他们的价值观出现偏差。因此，当英语教师探究知识背后的文化内涵时，他们努力让学生理解"美国梦"的真正含义，即每个人都可以通过自身的奋斗赢得成功，这种成功可能包括财富、幸福和知识等方面的收获。同时考虑到"中国梦"与"美国梦"的不同，可以发现"中国梦"强调的是中华民族的崛起和复兴，反映着一种着眼于全局、具有扩展性的成功理念。与此不同的是，"美国梦"关注的是个人的实现和成功，而更注重于个人主义的实现。由此可以看出，"中国梦"更具有启发学生追求远大理想与信念的意义。通过接受英语文化教育，学生可以深入了解中西方文化的差异，从而更好地认识并理解中国文化，进一步加深对其认同感。

在大学英语教学课堂上，英语教学可以展示全人类共同的世界观念，加强学生对于当今经济全球化和多元文化的理解，并引导学生深刻思考和平与发展的时代主题。同时，让学生认识中国在世界舞台上的影响力、理解经济全球化背景下中国面临的机遇与挑战，这是中国青年应该有的素养和责任。教师应拓展学生视野，促进跨文化理解和包容，打造多样化文化体验，加强文化共同认知，贯彻理论和实践相结合，渗透式英语扩展教学，将英语教育与思想政治教育紧密融合，用英语演绎中国的故事，展现中华传统文化的卓越之处，从而实现培育品德和塑造人才的协同效应。我们应当坚持习近平新时代的中国特色社会主义思想为指导，在高校的英语课程中推进思政教育的创新，致力于培养那些具备人类命运共同体意识，并能够在复杂多变的世界环境中提升自己改造世界的能力的创新型人才。

（三）英语阅读教学过程中挖掘课程思政元素的育人元素

在英语阅读教学过程中，要深入进行教学研究，准确地挖掘课程中蕴含的育人元素，精心设计渗透方式。探索英语课程思政教育，深挖相关思政教育元素，积极吸纳德育资源，使英语课程思政成为一门"隐性思政"课程。

在英语内容方面，要紧密围绕思政要求，遵循教育规律。高校英语教师备课时要结合教材实际，认真挖掘教材中的思政元素，找出思政教育与教材内容的结合点，设计巧妙的课堂教学形式，有意识地把思想政治教育元素融入英语知识的教授中。值得注意的是，教师在教学过程中既要重视本学科的教学内容，也不能与课文实际教学内容脱节，要发挥英语主导作用，协调教材内容和学生认知之间的矛盾，把思政教育渗透到英语教学的全过程。

在英语教学方面，教师要做到由浅入深、由点到面，用自然恰当的方式去达到渗透思想政治教育的效果，精心组织安排教学活动，有机地进行思想政治教育渗透。虽然英语课堂为教学主渠道，但不同的教学环节、教学内容和教学活动，采取渗透的方式应有不同。如教授语言交际性和实践性的教学内容时，教师精心设计含有思政元素或话题的教学活动、游戏和练习形式，首先通过引起学生兴趣，让他们主动参与互动思考的语言交际场景。教师要在教学的活动中，有目的地主动引导学生去形成思想意识，既习得语言知识也获得思想提升。

现阶段，英语教师对教材中的思政元素识别能力还有待加强，以免造成在英语教学过程中的思政教育成了重形式、轻意义的现象。关于英语教师充分挖掘思政元素方面，首先要对教材内容研究的透彻，将教学重点转移到教材内容所包含的主题意义上，探究教材中的思政元素，挖掘其中涵盖的道德品质、爱国主义及民族自信等具体的育人元素。例如，在阅读教学环节，通过语篇阅读，引导学生感知理解、分析研读文章中所蕴含的主题意义，既培养学生的语言学习能力，也增强学生的文化意识，从实践活动中去落实立德树人的根本任务。其次要适当延伸和拓展英语教学过程中涉及的思政内容。例如关于机器人的话题，实际生活中人工智能十分普遍，对于学生来说也不再新鲜，教学内容相对滞后，因此教师应该结合目前的时代变化，在教材的基础上延伸、创新。再比如根据话题拓展学生的思维，如教会学生感恩，加深对学生情感、态度和价值观的影响。

三、高校英语课程思政教学评价改革

（一）制订评价标准

课堂教学评价必须基于一定的标准才能实行，课程思政理念下课堂教学评价的内容是课程思政，以特定评价体系为基础，针对课程思政在教学过程中落地情况进行评测。评价主体需要树立客观的评价原则；评价过程认真负责，确保公平公正；评价方式应根据不同专业基础课的特点，选择不同的评价方式。课程设计评价工作的开展应随时间不断革新，开展课程思政的目的是培养高素质技能型人才，因此评价设计应根据学生在学习过程中的困惑和问题进行调整。同时，课堂教学评价的设计要全面，需要将思政元素评价分层次，从低级到高级一一查验学生通过课堂教学达到了何种层次，也需要对专业课开展评价工作，其间应将专业知识、素养、能力等多样化层面进行有效涵盖，从不同角度设计不同的评价标准，通过师生互评得出评价结果。通过实践研究，我们从教师和学生两个角度进行课堂教学评价设计。教师应基于学生学习中的表现，侧重采取描述性评价，从不同维度对学生的表现进行记录、描述，以准确反映学生变化。同时，小组讨论记录、小作业、发言记录都可以作为评价依据。此外，适度采用终结性评价，以反映学生发展的阶段性成果。师生结合课程所撰写的论文、调查或研究报告，都可以作为评价依据。这种评价可以与学生自己的预期、教师课程设计的预期相结合，不仅能反映学生真实水平，同时也能作为教师教学反思的重要依据。

（二）注重对学生的考核

大学英语课程思政的教学效果如何依赖于学生的学习情况。课程思政作为一种新型的教学理念，用于培养高素质的技术人才，在高等教育中得到了广泛的认可。因此，评价中对学生的考核尤为重要。学生自我评价对他们的成长和发展非常重要。因此学生在评价活动中应遵循相对共性的流程。首先，要确定自己的评价目标，可结合教师的教学目标来设定；其次，要制订相应的标准，作为参照和依据，接着通过有效的信息反馈，及时调节自身现状和标准之间的距离；最后，通过自我矫正来完善自己、发展自己。外部对学生的评价，可通过评价反馈为学生指出正确、合理的发展途径。任课教师可通过课程考核和课堂观察评价学生获得专业知识和专业素养的情况；家长可根据日常生活对学生的自主学习情况、行为习惯等方面进行评价反馈。两种评价方式共同进行，才能保证更加全面地了解学生通过课程思政在专业课程中的运用，获得思想道德方面的引领价值。

例如，华东师范大学的大学英语评价体系由课程学习评价和"华东师范大学英语水平测试"（ECNU English proficiency test）构成。华东师范大学自行开发的校本英语水平测试，经过多年实际运作、实践验证，具有较高的科学性。验证一个语言测试的科学性，可以考查该测试与一个已存在的、测试能力结构基本相同的、有较高信度和效度的考试的相关系数。大学英语教学部组织新生入学后即参加大学英语水平测试，除起到代替原有新生分级考试，遴选具备免修部分学分资格的学生和选拔学生的作用外，还计划对照参考《大学英语教学指南》和《中国英语能力等级量表》的能力要求，增加精确诊断学生英语运用能力水平的功能，为改革大学英语教学、促进因材施教提供参考，为全体新生的个性化大学英语学习提供建议与指导。华东师范大学正在不断摸索改进校本水平测试的组织施考模式，在全新课程体系框架下实施"基于水平测试的统修制度""用水平测试代替听说课与读写课的期末考试"等一系列大学英语评价体系改革，促进"教考分离"，增强测试的学业诊断功能，提升测试的教学反拨作用。

（三）创新测试形式

测试是语言教学中不可分割的环节，是检验教学效果和提高教学质量的重要手段之一，对教师和学生都会产生一定的影响。科学有效的测试必定对教学起到正面的反拨作用，使测试真正服务于教学。大学英语教师应综合运用各种测试方法与手段，把形成性测试与终结性测试有机结合，使测试真正发挥其积极作用。本书这里重点探索如何利用各种在线测试平台进行形成性测试。

1. 知识点测试

知识点测试可以通过句型测试、短句翻译、连词成句等，以随机出题、弹幕等形式进行，可以利用云班课和U校园平台进行测试，目的在于快速测试学生的知识掌握情况。

2. 语言综合运用能力测试

听力理解能力测试和口语测试等听说能力的测试可以利用口语训练平台进行，也可以让学生自己录制视频。本人出镜内容可以是段落朗读、个人陈述，也可以是双人对话，或者是小组辩论。段落朗读要求学生停顿恰当，语音语调正确，读流利，正确运用朗读技巧；个人陈述和对话，以及辩论等形式的视频录制，要求学生在规定的时间内用英语就熟悉的主题进行口头陈述或者讨论，语法、词汇基本正确表达形式多样，语音语调正确。学生提交的视频可以在 QQ 群或云班课进行展示，采用学生自评、生生互评、教师点评等方式进行评价，选出最好的作品，教师予以表扬奖励。这些形式的测试旨在测试学生的听力理解能力和口头表达能力，以此督促学生加强听说训练。学生可以根据自己的测试成绩，及时发现问题，找到解决问题的方法，迅速调整跟进，从而实现以测促学的目的。

3. 以问答形式进行测试

即设计一定数量的开放性问题，这些问题可以是学生对知识点的理解，也可以是学习方法的交流等。学生通过微信群或云班课提交答案，班级同学可以互相观看其他同学的答案，然后对比自己的答案，进行讨论，最后教师及时点评，引领学生进行更深层次的讨论与思考。

对于各种形式的测试结果，教师要及时准确地给予表扬性评价，挖掘每位学生的闪光点，以此调动学生的积极性，激发学生的学习热情，使评价真正发挥其激励作用。同时教师要针对测试结果进行教学反思，及时调整教学活动，从而实现以测促教的良好效果。

第四章 通用学术英语类课程思政建设与课堂教学实践

本章主要论述通用学术英语类课程思政建设与课堂教学实践，详细介绍通用学术英语类课程思政教学目标、策略与评价以及通用学术英语类课程思政教学设计案例。

第一节 通用学术英语类课程思政教学目标、策略与评价

通用学术英语类课程思政建设与课堂教学实践，除以"通用学术英语听说""通用学术英语读写"和"通用学术英语写作"为例加以阐述外，还介绍"英汉互译""英语口译""英语公众演讲"等课程的教学设计案例。

"通用学术英语听说"为非英语专业本科生通识必修课程，是大学英语核心基础课程，目的在于提高学生对各类真实视听语言材料的理解能力和口头表达交际能力。通过"视""听""说"的结合，开展线上线下混合式教学，实践翻转课堂，融合第一课堂教学和第二课堂活动，采用有针对性的听力训练以及复述、总结、对话、口头概述、即席演讲、辩论等活动形式，提高学生的听说能力。

"通用学术英语读写"为非英语专业本科生通识必修课程是大学英语核心基础课程，以提高学生通用学术英语阅读理解能力和掌握通用学术英语写作基本要素与技能为总体教学目标，进行"读写结合""读说结合""说写结合"，开展线上线下混合式教学，实践翻转课堂，融合第一课堂教学和第二课堂活动，指导学生在阅读过程中实践阅读技能在阅读中主动发现和学习写作者的多元视角与表达方式，提高阅读理解的准确性与阅读效率，激发学生通用学术英语阅读与写作的兴趣与热情，最终提高阅读策略运用能力，改善语言应用能力，培养具有独立、

创新和批判性思维的合格外语使用者。作为一门综合性语言实践课程坚持"应用导向"理念，做到"以说促读""以写促读""以读带说""以读带写"，在教学实践中把"课堂教学"与"课前课后任务"有机结合，在篇章阅读中实践阅读技能，以篇章结构分析，促进对文章的理解乃至对写作要素与技能的掌握，通过阅读与讨论，培养学生区分事实与观点及进行合理推断的能力，培养学生以规范的学术英语写作阐释对阅读篇章的理解以及表达独立观点的能力。

"通用学术英语写作"为非英语专业本科生通识必修课程，是大学英语课程体系的核心与枢纽。课程以培养学生英语写作实际应用能力和育人为双重目标，以写作的基本流程、语言的有效使用以及基本的写作策略为主要内容，帮助学生充分认识英语写作的基本规律、学术写作的基本规范以及说理的严谨性和论证的科学性，为日后进行与专业相关的学术写作以及参与用英语向世界介绍中国、传播中国文化等对外交流活动打下坚实的语言和写作技能基础。通过点评、互评、展示等活动，帮助学生切实感受自身写作水平的提高，增强英语写作信心，同时鼓励培养学生用英文写作记录生活和思考人生的习惯，为学生赋能，引导树立正确的世界观、人生观和价值观。

"其他英语应用"系列中的"英汉互译（笔译）""英语口译""英语公众演讲""国外考试专题及要籍导读"和"英语媒体资源与英语学习"等课程，则把听说读写译训练与实际运用紧密结合，帮助学生提高英语综合应用能力。这些课程注重培育学生的独立思考能力、创新创造精神、文化素质、人文与科学精神、协作精神、沟通和交流能力，引导学生学会做人，学会做事。这些课程以立德树人为教育总目标，将政治态度和政治认同融入英语教学，寓价值观引导于知识传授和文本解读之中，启发学生自觉认同，产生共鸣与升华，指导学生用英语讲好中国故事，让中国元素通过具体的英语应用课程深入人心，也让中国文化通过英汉语言交际，更好地走向世界。

第四章 通用学术英语类课程思政建设与课堂教学实践

一、教学目标

（一）"通用英语听说"课程

听说能力是大学英语、学科专业和课程思政三位一体、协调发展的基础性保障，但最新大学英语课程体系中的听说课学分减少，课时数降低，而新生英语基础和能力水平又参差不齐，在时间紧、任务重的情况下，如何改进教学方法，提高教学效率，并把课程思政融入日常教学中，是听说课面临的新课题。为此，华东师范大学在最新一轮听说教学改革中采取线上线下混合教学方式，把更多"听"的内容留到网络课程，对学生课外、线上、自主学习提出全新要求。学生先在线上完成教材及补充材料的听力和口语训练内容，教师再在课堂上有针对性地讲解听力策略、口语策略和难点。学生在课上将课后所"听"、所"学"、所"练"的内容"说"出来，让线上语言输入与课堂输出相结合，把"别人"的东西转化为"自己"的，学会表达，敢于表达，精于表达，学以致用。

1. 听力理解能力

（1）能听懂主题为个人生活、社会生活、学习和工作中常见事物的标准英语口语和日常对话；

（2）能听懂主题较为熟悉、总体结构比较清晰明确、论述简单、有一定长度的发言；

（3）能听懂与自己专业相关国际会议的主要内容。

2. 口语交际能力

（1）能用英语进行日常生活对话；

（2）能用英语对相当广泛的主题进行详细的描述和介绍，并辅以论据和适当的例子阐释自己的观点；

（3）能在用英语描述或介绍时做到条理清晰、重点突出、注重细节、说话语调自然，能意识到语言错误并加以控制；

（4）能用英语在与自己专业相关国际会议中表达观点、参与讨论；

（5）能用英语介绍中国文化习俗，讲好中国故事，展现文化自信；

（6）能用英语讲述中国社会、经济等话题内容，展现制度自信，表达对祖国的热爱。

3. 综合素质

（1）能了解中西方文化差异，形成自己的观点，并用英语加以阐述；

（2）能通过完成各项课前任务与课后作业，展现自主学习的意识与习惯、方法与策略；

（3）能通过完成小组任务，展现设计、规划、管理与执行的能力；

（4）能通过完成小组任务，展现团队协作精神和协同能力。

（二）"通用英语读写"课程

读写课程将思政教育融于教学全过程，强调以教育学和外语学习科学理论为指导，以学生为中心，注重教学互动，有效调动学生学习积极性。课前通过预设问题与任务，促进学生为课堂活动做好充分准备。在课堂活动中，以阅读理解、文化认知、结构分析等为目标，鼓励学生充分参与讨论，形成合理的观点。课后以提纲、摘要、篇章撰写等形式，以规范的英语写作表达自己的观点。课程有明确具体的教学目标，包含价值引领、知识、能力、综合素质等目标，尤其凸显课程思政教学目标，并具有可操作性和可检测性。课程确保读写教学目标明确，教学过程逻辑清晰，在教学内容中融入思政育人因素，教学内容的组织与编排符合学生的认知规律，达到润物无声的教学效果。课程注重对教学目标的考察与反馈，评价指标与教学目标相匹配，通过多元的过程性评价方法，注重知识传授和价值引领的统一，确保教育成效。

1. 阅读理解能力

（1）能读懂通识类英语文章，理解其主旨和大意；

（2）能快速阅读篇幅较长、难度适中的材料，阅读速度达到每分钟110—120词；

（3）能比较顺利地阅读所学专业的英语文献和资料；

（4）能根据上下文及构词法知识猜测词义；

（5）能正确理解结构复杂的句式，理解例证、比较、因果关系等语句或段落间的关系；

（6）能准确快速地找出阅读材料中的目标细节信息；

（7）能灵活、合理运用学术英语阅读策略，正确理解文本语言结构与思想内容；

（8）能依据上下文进行合理推断、概述，正确理解作者想要表达的信息与观点；

（9）能区分事实与观点，识别作者的态度和语气；

（10）能准确概括文本主要论点与关键支持论据，能识别论据的真实性、可信度与关联度。

2. 跨文化交际和学术交流能力

（1）能正确理解西方文化，辨别西方文化中的精华与糟粕，学习精华，摒弃糟粕；

（2）能用英语就通识类文章和社会性话题进行深入交流和讨论；

（3）能用英语讲述中国文化话题内容，展现文化自信；

（4）能用英语讲述中国社会、经济等话题内容，展现制度自信，表达对祖国的热爱。

3. 自主解决问题的能力和批判性思维能力

（1）能熟练使用英语工具书和网络资源获取相关信息，具有自主解决问题的能力；

（2）掌握批判性思维能力，能客观评价英文资源的可信度与权威性；

（3）掌握逻辑思辨能力，能对文本所传递的观点、态度、价值观等进行客观评判，能自主表达对文本信息的质疑或不同观点；

（4）能在英语读写中坚持和展现正确的世界观、人生观和价值观导向。

4. 基于阅读的基本学术写作能力

（1）能写出观点明确、结构较合理、逻辑较清晰、语言较准确的学术英语短文；

（2）能用数据与例证，客观、真实地讲述中国故事；

（3）能分析、判断、整合数据和事实，表达自己独立的观点；

（4）掌握规范的学术英语写作基本要素，能较熟练运用所积累的语言表达方式、学术写作策略与方法。

5. 综合素质

（1）能通过完成各项课前任务与课后作业，展现自主学习的意识与习惯、方法与策略；

（2）能通过完成小组任务，展现设计、规划、管理与执行的能力；

（3）能通过完成小组任务，展现团队协作精神和协同能力。

（三）"通用英语写作"课程

写作课兼具工具性和人文性，无论是教师的授课内容，还是学生的自主写作，都需要实现知识技能与价值引领的统一，充分发挥课程润物细无声的育人功能，能够在尊重和培养学生独立人格的基础上，培养健康的审美情趣和高尚的道德情操，通过思辨性写作活动，展示对中华文化的充分理解与自信。课程教学目标明确，包括语言能力目标和非语言能力目标。课程教学方法紧跟时代发展，以发现学习为主，接受学习为辅，结合现代教育技术，践行包括翻转课堂在内的先进教学理念，构建以学生为中心、以能力为目标、以评价为抓手的教学环境，充分考虑学生认知和心理特点，坚持以立德树人为根本任务，将思政元素蕴含于日常教学环节，让学生在学习课程的过程中不知不觉地参与、接受思政教育，实现二者的完美融合，使教书育人贯穿于写作教学全过程。

1. 语言知识和写作技能

（1）了解写作基本流程，认识构思和修改的重要性；

（2）掌握自由写作、头脑风暴、设问等构思技巧与策略；

（3）能根据既定话题判定写作目的、形式和读者，确定写作风格；

（4）掌握文章的常见结构；

（5）能根据文章中心观点句列出合理有效的各主体段落中心观点及其支撑观点；

（6）掌握文章开头段落的主要功能，能够运用恰当的开篇手法引入话题，并确立中心论点；

（7）能以富于逻辑性的思维和充实的内容表达文章主要观点；

（8）能使用适当的策略和手法写作文章结尾段落；

（9）能结合特定读者对象、具体语境和表意需要进行用词和句式结构的合理选择；

（10）能恰当地选用衔接手段增强前后语句的连贯性；

（11）能根据写作要求判断文章类别；

（12）能根据文章类别选用恰当的写作手法；

（13）理解多种写作手法结合的可能性和必要性。

2. 信息素养

（1）能通过多种途径、工具和技术手段查找、搜集写作话题相关材料，并能够辨别信息真伪及来源的可靠性；

（2）能对收集到的信息和素材加以综合整理，按照写作需要加以甄别取舍，合理有效地使用材料表达个人思想和观点；

（3）能对不同图表形式呈现的数据信息加以分析，归纳合理有效的结论；

（4）能使用恰当的英语语言描述数据及分析结论。

3. 情感、态度与价值观

（1）能赏析优秀范文和经典篇章，在体验语言魅力的同时，汲取积极向上的生活态度和人生智慧，启迪自身心智；

（2）能运用所学知识，根据评价量规对同学的作文进行同伴互评，激发相互学习、相互借鉴的学习风尚，培养欣赏、包容他人的情怀；

（3）能依据已有的读者意识，选用恰当的语气和风格，就同伴作文做出包括用词、结构、观点、逻辑等在内的全方位客观评价，提出建设性的修改建议，培养尊重他人的意识和人际沟通能力；

（4）能通过完成各项课前任务与课后作业，展现英语写作兴趣和信心；

（5）能通过完成各项课前任务与课后作业，展现坚持英语写作的习惯；

（6）能通过完成小组合作任务，展现团队合作意识和探究精神。

（四）"英语应用"系列课程

英语应用系列课程追求教学形式与教学内容、教学要求相匹配，强调以学为中心，注重教学互动，促进学生的学习投入。课程注重对教学目标的考察与反馈，评价指标与教学目标相匹配，通过合适、恰当、多元的评价方法，注重知识传授和价值引领的统一，确保教学成效。

1. 英语文献与媒体资源阅读能力

（1）掌握文献及媒体资源检索方法；

（2）理解自己学科专业英语学术文献的思想内容，能够分析材料的中心思想、文化差异等；

（3）理解相关英语视频、音频和文本资料，尤其是与自己学科专业领域问题相关文章的思想内容，能够分析材料的中心思想、重要细节、篇章结构、逻辑关系、作者意图、文化差异等；能读懂英语主流媒体的文章，把握中心思想、理解字里行间的意思；

（4）能阅读简单的英语文学作品；

（5）能比较材料渠道，解析信息的来龙去脉，明确相对真相；

（6）熟悉各种英语材料的体裁特征和语言风格；

（7）理解英语语篇、思维表达方式与汉语的差别和影响。

2. 跨文化英语口头交流能力

（1）能以自信、自然的姿态和同伴用英语交流；

（2）能运用清晰易懂的英语、合适的展示策略与技巧，利用多媒体展示技术，对相关内容进行切实、具体的阐述、解释和证实；

（3）能综合资料信息，提出自己的观点和立场，并进行拓展和论证；

（4）能对事件和观点表达自己的态度、情感、感受和反应；

（5）理解其他同学的课堂展示等英语口语产出成果的中心思想、重要细节、篇章结构、逻辑关系和作者意图；

（6）能针对其他同学的英语口语产出成果中的内容，用英语提出思辨性的问题；

（7）能以客观、辩证的态度讨论世界观、人生观和价值观问题；

（8）能针对其他同学的英语口语产出成果在内容组织与阐述、展示策略与技巧、语言运用、多媒体展示技术、非语言交流等方面，用英语进行描述性反馈；

（9）能够发现并纠正其他同学的英语口语产出成果中较为典型、严重或明显的语言错误。

3. 学术英语写作能力

能用英语完成个人学科专业以及与国情、国际形势相结合的学术研究项目，写出一定篇幅的主题明确、细节具体、证明客观、逻辑顺畅、合乎规范、出处明确、语言准确、表达得体的课程研究报告。

4. 其他英语专项应用能力

（1）"英汉互译"课程要求的学术翻译能力；

（2）"英语口译"课程要求的中英文迅速转换能力；

（3）"英语公众演讲"课程要求的演讲展示能力（声音、肢体和视觉等辅助技巧）；"国外考试专题及要籍"课程要求的有效解题能力；

（4）"英语媒体资源与英语学习"课程要求的英语自主学习能力。

5. 综合素质

（1）能通过完成各项课前任务与课后作业，展现对东西方文化差异的了解和跨文化交际意识；

（2）能用英语讲述中国社会、经济、文化等话题内容，展现道路自信、制度自信、文化自信；

（3）能用英语客观、辩证、批判地表达对问题的看法，展现正确的世界观、人生观和价值观。

二、教学策略与评价

（一）以视听、阅读等输入性材料为课程思政内容依托

内容是语言技能课程的核心，通过优秀的语言素材，学生能够学习地道的语言表达，熟悉附着语言的风土人情和文化内涵，从而促进语言能力和跨文化交际能力的提升。因此，英语视听和阅读等输入性材料天然具备课程思政教学的良好基因，是课程思政教学实践的内容依托。

具体而言，优秀的输入材料具备以下基本特征：第一，语言质量上乘。外语

学习的一个显著特点是教学内容与教学语言高度重合,直接决定学习者语言输入的质量和外语学习的成败。第二,思想内容积极正面。在很大程度上,语言的工具性要依托其人文性,前者的发展是显性的,后者的塑造则是无形的,而且一旦成型则难以重塑。因此,对视听和阅读材料思想内容的把控至关重要,而把关的重任毫无疑问落在教师的肩上。第三,主题要对青少年具备一定的吸引力。一般而言,优秀的视听和阅读材料具备显著的时代特征,能够传达与时俱进的讯息、概念、观点。同时,优秀的材料也会注重人文经典素材的选取,以经典塑造人,以人文感染人。换言之,在主题层面,优秀的视听和阅读材料需要在时代性和经典性间寻求平衡,既要保留住历久弥坚的经典,也要广泛涉猎层出不穷的杰出新作。

思政是文化的一部分,因此思政教学也应遵循文化教学的基本原则。研究表明,文化教学,尤其是本土文化在外语教学中的导入需要以内容为支撑,并以此为基础进行拓展。因此,输入性材料需要谨慎遴选。

听说课和读写课教材一般容量大、内容多,客观上与学时短存在矛盾,因此需要教师在教学过程中因时、因地制宜,根据教学目标和学生需求恰当选择教学材料。优先选用的材料类型应该包括弘扬正能量和主旋律的视听材料和文章、与中国社会和文化相关的文章、经典文学作品等。教学中要突出文章的主旨,引导学生进行诠释和反思,为树立正确的价值观做好铺垫,并利用教学设计各项任务和讨论等活动加以扩展,联系学生现实生活和国情,引导学生客观理性地分析问题,解决问题。教师要思考如何将思政融入教材有关学习、生活、文化等题材广泛的主题,潜移默化地影响学生,让学生在学习语言的同时思考、探讨、反思,帮助他们形成正确的世界观、人生观和价值观。

大学英语课程的教学设计,要让学生既能了解中西方思想文化的差异,又能正确看待理解这些差异,对这些差异有自己独到的见解,在对外交流中不但能"倾听"他人的话语,更能"诉说"中国故事,把中国声音带出去,把中国文化传播出去。

（二）以合作探究为课程思政学习形式

思政教学的基本策略是同伴互动，其基本原理就是通过同伴间的互动，相互引导，更为深入地思考问题，并反思自己的思想和行为，从而推动个人价值观的修正和养成。

一般认为，在教学中落实同伴互动策略主要采用两种形式，即合作学习和道德困境讨论，前者针对普遍的论题，后者则涉及有争议的话题。

教师是课堂的组织者，根据阅读文章的主题设计活动，鼓励学生在小组内进行充分互动，交流观点，互通有无。研究表明，合作学习不仅能够提升学习者的语言能力，而且能够增进其语言学习的动机，丰富他们的思想。此外，探究任务对于认知成熟的大学生有着较强的吸引力，能够引导他们进行深入的研究。因此，读写课堂需要为学生提供合作和探究的机会，通过课堂展示的形式，鼓励他们发出自己的声音。

道德困境是思政教学的另一重要形式。教师可以通过设计一些含有道德困境的活动，引导学习者进行思考和辩论，并在辩论中明是非、通道理。比如，在转基因作物的探讨中，可以引入曾经被媒体广泛报道的黄金大米事件。让学生置入这样的困境中，思考问题的症结，讨论问题的解决方案，形成和强化自己的价值观。

（三）以任务为显性教学基础

课程思政总体上应该是"隐性"的，但不妨碍在有些必要的时候进行显性教学。

"显性"并不意味着说教，而是要蕴含在"任务"中。任务型教学是外语教学的重要形式，大量实证研究表明其对外语学习者的语法发展有着显著的促进作用。因此，教师在语言技能课的教学中应该积极引入这一教学模式，充分利用任务的促学功能，并引导学习者进行任务反思。

外语教学中所谓的任务，一般认为应该具备以下基本特征：第一，学习者能够表达自己的观点；第二，学习者能够运用自身拥有的语言资源；第三，学习者之间存在信息差；第四，任务的结果是非语言性质的。只要具备了这些特征，任务就能发挥应有的作用。听说课和读写课的任务设定要遵循这些科学标准，通过主题控制适时引入思政内容。比如在阅读关于贵州旅游的篇章后，可以要求学生以小组为单位，为外国游客制订一份中国旅游行程表，并通过课堂展示的形式进行汇报。又如，在阅读关于屠呦呦获得诺贝尔奖的篇章后，可以设计一项任务，要求学生制订一个采访屠呦呦的问题列表，并给出理由。这样的任务形式，既充分调动学生的语言资源，促进语言发展，又能加深学生对于相关思政元素的了解和认识，强化国情教育。

此外，课程思政教学实践要遵循文化教学的基本原则。如在诠释、建立关联、反思、批评思维、对比等时，教师应该积极引导学生关注中国文化，并表达自己的观点，以加深对中华优秀传统文化的理解和认同。而在学习有关中国近代史的文章时，教师可以引导学生探讨中国近代落后于西方的原因，并将这些原因与文中西方国家人士的认知进行辨析，揭示其偏见，强化信心。这样的教学方法不仅能教会学生"尽信书则不如无书"的道理，更能加强国情教育，真正落实四史教育，提升责任感和使命感。

（四）以写作为读写结合抓手

写作作为重要的输出能力，必须基于大量的语言输入才能成就，因此阅读材料的介入尤为重要。在确保阅读质和量的基础上，落实读写结合的基本理念，引导学生对阅读内容进行反思。具体而言，在写作任务的要求上需要做到以下几点：第一，基于阅读篇章设计好写作任务。此类写作任务应该基于篇章，同时要适当拓展，既可以是对篇章的内容整合，也可以是对其的反思与辩驳，加强学生的批判思维能力。第二，要充分利用写作素材对于思政教学的辅助功能。写作素材的来源丰富多样，但是遴选的原则是贴近生活，着眼于国情，关乎文化。这样的素材能够激发学生的写作兴趣，调动语言资源，深入地表达自己的观点。第三，重视写作反馈。反馈是了解学生语言能力和思想状态的重要方式，因此教师需要谨慎对待。对于思想积极的案例要及时予以鼓励分享，反之则予以纠正。总体原则就是以学生为本，促进写作能力提升和积极价值观形成的统一。

(五) 以交际应用环境创设为教学设计着眼点

教师不仅是英语知识与技能的传授者，更应是课堂英语交际环境的营造者、学生学习过程中的指导者和监控者、学习兴趣的激发者、学习潜能的挖掘者。精心准备好每一堂课，设计好每一个教学环节，在课堂上努力营造尽可能真实的英语交际应用环境，激发学生兴趣，调动学习积极性和主动性，对提升课堂教学效果、促进学习目标的达成具有非常重要的意义。要基于不同的课题和技能，既保证足量的、有质量的输入，又保证学生在真实的场景下正确地使用英语，在实际运用过程中发现难点和重点，体会自身能力的不足，找出问题，并力图解决问题。课程内容安排要循序渐进，符合认知过程，利于知识内化。

(六) 以英语学习策略培训为助力

学习策略是指学习者为促进其对第二语言的了解、理解和使用所采用的策略，通常是有意识的和特定的动作、行为、步骤或技巧。教师应当引导学生养成制订学习计划、评估自我学习效果及监控错误的习惯，提高学习能力，还要对学生进行学习策略诊断，帮助选择适合自己的策略，鼓励尝试不同的策略，指导他们对学习策略训练进行反思。学习策略训练有利于学生提高学习效果，还有利于增强独立学习和自主学习的能力，为终身学习打下坚实的基础。

(七) 以形成性和终结性评价相结合为教学评价框架

英语技能与应用类课程的教学目标应充分考虑社会的要求和学生的学习实际，评价标准客观实际，教师的教学目标与学生的学习目标和谐统一，同向同行。英语技能与应用类课程都重视学习的"过程"，强调通过循序渐进的方式，引导学生发展认知，提升能力。评价方式以形成性评价为主（最多可占总评成绩60%），终结性评价为辅（占总评成绩可低至40%）。其中形成性评价根据教学目标和能力标准对学生学习进行过程性和发展性评估，主要包括课堂表现，如课堂活动参与程度和同伴互评质量等；课后训练，如平时作业、作文和日志等的完成情况；以及期中测试成绩等内容。终结性评价依据课程期末考试，是在教学阶段结束后进行的针对各项能力的终结性评价。

现代教育评价的总体要求强调评价的"发展性",即评价应促进学生的全面发展。在教学过程中,重点评估学生的发展和健康,注重以动态、发展性的视角来理解学生学习的情况,并以学生为中心,促进其全面发展。通过实践学习的各个环节,激发学生的学习热情,注入爱国主义情感,使他们更加投入地学习课程。同时,以促进学生健康成长为核心理念,重视学生的长处并用成长的视角看待评估中所体现的问题,为学生提供良好的条件,帮助其实现实践技能和创新能力的培养。评价的目标不在于证明,而是在于改进。教育教学始终坚持将立德树人作为核心,将思想政治工作融入教学全过程中,鼓励学生自觉践行,注重将知识转化为实际行动,促进学生认识世界和改变世界的统一,通过综合素质的提升和应用能力的提高,检验思想政治教育的有效性,为国家社会培养德才兼备的人才。

第二节 通用学术英语类课程思政教学设计案例

一、"通用学术英语听说"课程

(一)"通用学术英语听说"课程案例一

下文以"Environment"(环境)单元为案例对通用英语听说类课程思政教学设计实践展开叙述。

1. 课程思政要点

(1)用英语学习环保知识,提升环保意识;

(2)用英语交流如何运用学科专业知识和从我做起参与环保,展现环保意愿和决心。

2. 教学重难点

听说课程各单元涉猎广泛,从学习生活到思维训练,从家庭情感到社会新闻,反映个体与社会的方方面面,帮助学生打开思路,开阔眼界,增长知识,提升技能。本单元要求学生:(1)结合线上学习内容,识别演讲话题主旨;(2)学习掌握如何在口语讨论中表达"对比"关系;(3)运用所学听力策略在听取其他小组的课堂展示时做笔记；（4）运用所学口语策略进行小组讨论；（5）利用视听材料内容，分析环境问题；（6）讨论环保策略与措施。

本单元还以小型项目活动为驱动，鼓励学生联系本学科专业知识，尝试提出解决环保实际问题的方案，丰富课堂活动类型，巩固强化已学知识内容，提高语言实际运用能力，在大学英语课程中实现学科专业的"学以致用"。

关于环保问题的讨论，帮助学生树立正确的环保意识和观念，引导同学们身体力行，从我做起，为环境保护贡献自己的一份力量。

3. 教学内容、过程与方法

听说课程为线上线下混合式课程，学生需要在课前观看教学视频，学习听力策略、口语策略和主题视听材料 [本单元有"Global Warming（全球变暖）"和"Plastic Pollution——The Story of Three Plastic Bottles（塑料污染——三个塑料瓶的故事）"两个视频]，并在线完成听力理解、口语录音等相应练习。每个单元都有测验，检查学生对所学内容的掌握情况和应用能力。在线论坛则为学生提供充分的师生、生生互动机会，学生既需要参与单元主题在线讨论，又可以就课程学习的其他问题与老师和同学交流。

课堂教学活动包括以小组为单位进行的关于本单元话题的"学术英语课堂汇报展示"、利用有关听力策略对课堂展示内容"做笔记"、针对课堂展示话题内容的"当堂问答"、对本单元重点学习的听力和口语策略的"预习情况检查"、对在线视听材料的"学习情况检查"、针对单元话题内容的"小组讨论"、对课堂讨论过程中"口语策略运用"和"参与程度"的"监测"、课堂讨论结果"汇报与总结"、针对题目为"Which should receive priority, environmental protection or economic growth？（哪一个应该优先考虑，环境保护还是经济增长？）"的小型"辩论"、对听力口语策略和话题内容语言知识的"总结"等等。这些课堂活动，既帮助回顾、汇总、整理知识性内容，又创设交际场景以供实践听说策略、提升语言技能，还对环保和经济发展等问题深入讨论，引导学生关注社会，了解国情国策，提升思辨能力。

课后作业与任务均在线上学习平台完成。在线学习和课堂表现情况均作为形成性评价的重要依据。

4. 教学成效与反思

学生通过在线预习，已经获取有关全球变暖和白色污染等话题内容的背景知识和相关词汇，而有关"校园垃圾分类实施状况"等话题的小型调查研究，则驱动大学英语学习结合社会实践，融入学科专业发展，渗透价值观思考。课堂汇报、讨论、辩论和交流不但训练学生实践所学听说策略，还让他们相互交流思想，强化环保知识，提升环保意识，学会环保方法，有效促进大学英语教学内容和课程思政的有机结合。

学术英语听说课程所用教材和在线视听材料可以为学生提供关于某个话题的背景知识，教师应该在教学设计中主动将话题内容和学生所处社会的热点问题和生活实际问题联系起来，达到潜移默化、润物无声的效果。学术英语听说课课堂上的展示、问答、讨论、辩论等活动，不但活跃了课堂气氛，提高了学生的课堂参与度，而且更容易感染学生，引导学生健康成长。教师应该充分利用话题内容和学生专业背景，激发兴趣，启发思考，鼓励探究，将思政德育的抽象概念呈现于具体的情境和交际中。学生若能在此基础上，用英语进行辩证的思考与交流，这即为思政教育与大学英语教育相结合最理想的方式。

（二）"通用学术英语听说"课程案例二

下文以"Intercultural Communication"（跨文化交际）单元为案例对通用英语听说类课程思政教学设计实践展开叙述。

1. 课程思政要点

（1）用英语探究中西方文化差异的表现与缘起，提升跨文化交际意识；

（2）用英语介绍中国文化的某个方面或要素，展现民族认同和文化自信。

2. 教学重难点

本单元引导学生发现日常生活跨文化交际中的文化差异案例，探究中西方文化差异的表现、形成原因及正确的处理方法，用"身边事""真实事"驱动英语学习。通过视听说结合，开展线上线下多种形式听力、口语练习，训练学生识别听力材料主题、把握总体结构、捕捉信息细节的听力理解能力以及围绕主题进行详细描述和例证的口头表达能力。要求学生积累有关中国社会、文化等方面的词汇，能够比较清晰流利地表述中国风俗习惯和价值观等，并能有理有据地阐述自己的观点。本单元鼓励学生用学科专业知识探讨文化差异在不同领域的体现，并尝试应用学科专业知识提出化解或避免文化冲突的方案。通过建立课本听力语篇理解、口语表达学习与日常生活问题的关联性，引导学生客观认识英语国家的政治、经济社会、文化等方面的要素，并能以国际视角重新认识璀璨的中华文明，增强民族认同和文化自信。

3. 教学内容、过程与方法

学生课前完成线上学习平台相关单元的音视频学习和听说练习，初步了解跨文化交际中的"social taboo""gesture""dress code""individualism""collectivism"等概念，同时以小组为单位准备课堂展示，介绍中西方文化在经济、社会、文化等方面的不同表现，并探究差异形成的原因及研究意义。

课堂教学活动一般包括课堂展示、师生提问、互评反馈、分组讨论、全班讨论、总结点评等。教师适时引出"高语境文化""低语境文化""文化假定"等概念，并重点讲解"集体主义""个人主义"等社会文化特征，组织进行案例分析。

（1）学生展示预先准备的各自家乡的传统建筑资料，与西方建筑进行对比，领略中华建筑之精美、工艺之高超。同时理解建筑艺术是地域人文性格的侧面体现，能反映如东方内敛敦厚而西方开放热情等特征。

（2）比较东方"集体主义"和西方"个人主义"在饮食习惯上的表现，如圆桌制与分餐制、整块与加工成丝、丁、片等差异。

本单元的口语策略和技巧重点是"举例说明"，因此，可以设计"举例说明东西方之间的'Differences in body language''Differences in the connotation of colors'等"口语练习，也可以组织讨论"以自身经历为例说明出国旅游前是否有必要了解目的地国家地区的文化"等话题。

课后作业是完成线上平台的听力和口语单元测试，进一步巩固相关词汇知识、文化概念和听说技巧。

4. 教学成效与反思

听说课程强调交流互动，学生积极参与展示、讨论、点评、反馈，课堂气氛活跃。在本单元的课堂教学中，学生对中西方文化展示表现出浓厚的兴趣，课前准备充分，选题广泛，讨论积极。从跨文化交际的角度重新加以审视身边司空见惯的文化现象，能够帮助形成相互尊重、相互融合的跨文化观念，也有助于培养民族和文化自信。

要使课堂教学效果更理想，课前预习和准备工作是关键。教师要督促、介入、帮助、示范、讲解，帮助学生熟悉相关主题的背景知识和语言表达，内化知识，提升听说能力。教师应引导学生在此基础上"透过现象看本质"，努力达成"能够比较清晰流利地表述中国风俗习惯和价值观等，并能有理有据地阐述自己的观点"的教学目标。

（三）"通用学术英语听说"课程案例三

下文以"Arrivals and Departures"（到达与离开）单元为案例对通用英语听说类课程思政教学设计实践展开叙述。

1. 课程思政要点

（1）用英语介绍中国自然与人文景观，展现爱国情怀；

（2）用英语分享国内外旅行经历，介绍中国旅游在食、住、行、游、购、娱等方面的深刻变化，探讨其所折射的经济社会发展、基础设施建设、生活休闲方式等方面的变化并与西方进行对比，展现制度自信和道路自信。

2. 教学重难点

本单元内容涉及旅行计划、人文与自然景观等，要求学生掌握与旅行话题相关的语言知识，了解某些地方的旅游资源和风土人情，并能用英语合乎逻辑且流畅地叙述事件。教学重难点在于把单元涉及的相关知识点、词汇、句型和篇章融会贯通，同时于细微处体现爱国主义情怀，引导学生在看世界的同时更深刻了解自身所处文化，更好地认识伟大祖国的瞩目成就。部分学生可能尚缺乏生活阅历和旅行经验，学习用英语表达单元话题内容会是难点。

3. 教学内容、过程与方法

考虑新生群体的基础情况，听说课在开始阶段一般稍向听力方面倾斜，注重输入性语言基础。以某教材为例，每个单元的教学框架都包括"inside view"（一般为两个长对话）"outside view"（主要为采访纪录片等真实场景）和"listening in"

（包含新闻、短文故事等多种形式）。要求学生课前自学本单元"inside view"两份长对话听力材料和相关词汇，并完成练习。另一项课前任务则是制订模拟旅行计划，用于课堂分享与讨论。针对"outside view"部分有关国外某地风景名胜的材料，除要求预习教材相关词汇和文化背景材料，还指定有关小组准备课堂展示，阐述中国的自然或人文景观与教材单元所介绍景点的异同，也可以讨论旅游与经济发展的关系等话题。课堂展示、记笔记、问答、讨论、点评、反馈等活动不仅可以学习语言、学习文化，还培养爱国、爱家、爱人类的情怀。同伴反馈和教师点评还帮助学生发现展示小组的优点，反思暴露出的问题，思考改进的方法

听力练习除了检查学生对课文内容的理解，帮助提升听力能力，学会听力策略，还引导学生积累词汇和句型，在随后的口语练习中有意识地学习使用。分组讨论时教师要注重引导学生以自己的亲身经历对照教材中的个人旅行经历，交流旅行经历对人的影响，以小见大，以个人经历反观世界，对世界观、人生观和价值观进行更深层次的思考。

4. 教学成效与反思

学生在课前准备课堂展示过程中，需要与小组成员沟通、协调、分工、合作，用英语搜索、阅读、分析和思考专业领域方面的内容，通过组织分组项目研讨、设计 PPT、写作小论文，随后在课堂上进行汇报展示、点评反馈等全流程活动，有效增强了学习动力，提升了自学和团队协作能力。同时，课堂学习中的口语练习和分组讨论不但能促进学生对所学知识的举一反三和融会贯通，也能引导他们思考、讨论、研究对于家、国、自然、人类和社会都重要的话题内容，培养健全的人格、高尚的道德修养和丰富的学识与能力，愿意而且能够为祖国和全人类做贡献，这正是课程思政题中应有之义。

听说教学强调听与说的有机结合，输入是前提，输出是目的。由于学生来自全国各地，中学阶段接受的英语教学在教育资源、技术设备、师资水平和环境支持等各方面都不尽相同，大学英语学习困难主要表现在听说层面，但以听为主、讲解练习答案、分析文章内容和语法的传统教学方式，显然无助于问题的解决，更不适应在学习语言知识的基础上注重培养应用能力的要求，尤其是在学术交流和未来工作环境中的英语应用能力的时代要求。所以，听说教学改革特别要求注

重听说结合，尤其关注口语表达。部分学生由于缺乏生活阅历和生活经验，基础也相对薄弱，英语口语表达会有困难。因此，如何使基础水平参差不齐的学生在同个课堂都各有收获，如何让学生从中学课堂平稳过渡到大学课堂，并很快适应大学学习，始终应该是大学英语教师关注并致力于解决的课题。

二、"通用学术英语读写"课程

（一）"通用学术英语读写"课程案例一

下文以课文 Asia Slowly Opens Its Door（亚洲慢慢敞开大门）为案例对通用英语读写类课程思政教学设计实践展开叙述。

1. 课程思政要点

（1）分辨中西视角，厘清逻辑关系，提升历史思维、系统思维和辩证思维能力；

（2）用英语阐述当今世界格局，展现家国情怀，表达自强决心。

2. 教学重难点

学生需要熟悉中国近代史才能批判式思考课文内容，进而弄清作者的观点和立场。

在阅读能力上，要求学生能够：（1）找出文章主题句，并对作者观点进行批判；（2）找出文章中包含"西方立场"的词句，并用中性客观的词句进行替换；（3）把握段落之间的内在逻辑，尤其是因果关系，区分近因与终因；（4）熟练掌握积极词汇以及由这些词构成的常用词组。

在写作能力上，要求学生能够：（1）掌握全文主题句和段首句的写作技巧；（2）熟悉并运用因果和对比关系的词汇和句型进行写作；（3）写出内容完整、意义连贯、语法基本正确的短文，比较鸦片战争和当前我国面临挑战的相似和差异之处，并表达中国人民必胜的信心和决心。

在课程思政方面，要求学生：（1）通过课前预习，分析文章的思想观点、语篇结构和语言特点，学会判断内容的可靠性和价值，识别文章的"西方视角"，弄清文本的言外之意，通过比较历史真相与本篇文章的信息细节和文字表述，质疑作者的立场、观点，以中外不同视角分析鸦片战争的成因；（2）在课堂展示和小组讨论中，以课文内容为依托，比较鸦片战争和当前我国面临的挑战，了解时事政治、环球动态和我国应对挑战的大政方针，初步熟悉相关表达，培养语言输出能力和跨文化交际能力；（3）初步构建短文框架，用英语进行概括和对比，以规范的学术英语写作表达课堂讨论的内容，分析清朝腐朽统治对中国现代化进程的负面影响，对作者观点进行批判性评论，厘清西方科技并不是帮助中国走入现代化的主要原因，实现读写课程目标与思政引领的"无缝衔接"。

3. 教学内容、过程与方法

本课以课文题材创设思政主题，以学生为中心，以教师为主导，以语言输出为导向，以课堂展示为抓手，以课堂讨论为价值引领的承载，以课后短文写作为成果形式，要求学生的课堂展示做到言之有物、言之有理、言之有据、语音清晰、表达流利。课堂讨论体现批判性思考和跨文化交际意识，善于使用中国事例作为证据，体现对国家发展的关注；课后写作做到观点一致（Unity）、证据充足（Evidence）、表达连贯（Coherence）和语言准确（Sentence skills）。

本篇课文是英国学者从西方视角对这段历史的阐述，欧洲列强征服殖民地，争夺原料产地，扩大商品市场的侵略行为，在西方学者的笔下被解析成亚洲各国打开国门，接受西方先进科学技术和思想，从而抓住进入现代文明的契机。课前要求所有学生重温中国近现代史，并以此为基础，有理有据地对文章的立场、内容以及对历史事件的解读进行分析、比较和批判性评论，从而体会"中外视角"的差异，学会质疑权威，判断信息的可靠性及公正性。要求学生以小组为单位准备课堂展示，通过回答以下几个问题，进行事实和价值判断，激发思政热情。

（1）文中有哪些美化西方的用词？如果我们客观描述，又可以用哪些词汇替换？它们的区别在哪里？

（2）文章认为科技是帮助中国走入现代化的主要原因。你是否同意？为什么？

（3）当前我国也面对各种无端指责、"甩锅"、挑衅，甚至战争威胁，比较鸦片战争和当前挑战的相似和差异之处，列举坚信中国必胜的理由。

这三个问题分别对应细节、主题和引中，难度逐渐递增。课文是作者站在西方立场上对中国近代史重大事件的陈述，其中有些表述明显由于"中外视角"的原因存在很大偏差。在针对课堂展示的同伴互评和教师点评时，要注意结合马克思主义世界观和方法论，从历史与现实、理论与实践方面主动引发学生的爱国热情。

教师要引导学生认识到中国现代化的根本原因不是西方科技，而是共产党的领导以及新中国发挥社会主义制度的优越性，加速实现了工业化和现代化，形成了独立完整的现代工业体系，是全世界唯一拥有联合国产业分类中所列全部工业门类的国家，用几十年走过发达国家几百年的工业化历程。引导学生发现鸦片战争和当前局势的共同点，如中国有大量的外汇储备（当时是白银）；反对势力想遏制中国的发展，对中国进行污蔑。但与此同时，引导学生认识到，在党的领导下的新时代的中国，国防军事实力强大，有信心保家卫国维护世界和平（a much stronger military capable of self-defense）；全国人民上下一心（the support of 1.4 billion people in all nationalities）；对外政策得到广泛国际支持（construction of a community with a shared future for mankind；China's Belt and Road Initiative）等。

在课堂讨论环节，学生可以根据自身研究兴趣，组成讨论小组，在阅读相关段落后，检索、整理并讨论和所选主题相关的各类信息，结合课前对文章背景的了解，讨论并最终达成对所持观点的诠释和合理论证。讨论主题可以包括：清朝国力衰退的原因（并将其名词化，理解因果关系链，认清侵略本质）；林则徐虎门销烟是不是鸦片战争的起因（发现作者的"西方视角"）；中英史学家对于鸦片战争的不同评价反映了什么等。

教师在总结时要引导学生更好地理解两次鸦片战争发生的背景及其影响，从而把握历史发展的基本脉络和基本特征，培养学生运用历史唯物主义和辩证唯物主义的基本原理去分析问题、解决问题的能力。要明确两次鸦片战争带给我们的教训和启示：锁国就要落后，落后就要挨打！中国近百年史是贫穷落后、屈辱挨打的历史，是中华民族不屈不挠的斗争史。要维护中华民族的主权独立和民族尊严，必须坚持党的领导，坚持改革开放，不忘初心，牢记使命，永远奋斗，实现中华民族伟大复兴。

布置的课后作文，主题为在课堂展示或者小组讨论中学生感兴趣的任一话题，要求从中国立场出发，主题句观点明确，论据为观点起到支撑作用，段落之间利用过渡语，保证行文流畅。特别鼓励学生引用当代中国高速发展的事实和数据，作为支撑短文观点的细节。教师点评优秀作文时，除讲解语言运用，还应引用学生文章的观点和论据，进一步激发爱国主义情感，增强民族认同，增强社会责任感和历史使命感。

4. 教学成效与反思

以学生为主的课堂教学设计，创设了自主学习和合作学习的氛围，改变传统以教师为中心的教学模式，把更多课堂表达机会留给学生，让学生活动成为教学活动的主体。通过课前布置翻转课堂任务，课中组织课堂展示与小组讨论，课后通过以读带写、以说带写、人人写作的方式，让学生在主动思考探索与合作交流的过程中，真正理解和掌握文本内容。多媒体手段应用于翻转课堂教学设计，激发学生的学习兴趣，提升课堂教学效果。小组讨论和课堂展示等方式，创造了轻松和谐的课堂教学环境。学生反馈表明，能够在课堂中自由发表观点，互相争辩交流，激发了大家的英语学习兴趣，提高学习积极性和主动性。

本单元的"中外视角"对比培养了批判性思维，增强了爱国主义情怀，但对教师整体把控要求较高。教师应该通过分析鸦片战争起因的不同历史陈述，让学生在中国特色社会主义思想指导下，辩证批判地学习西方的语料资源，还原历史的真相，拓展人文内涵和学科内涵。但对于"历史是什么？历史学家又是谁？历史学家能做到不偏不倚地呈现历史吗？"的认知和总结是否准确，是否到位，可能需要进一步总结研讨。大学英语读写课程的深度和广度，需要跨学科知识的支持和保障，不仅这些而且应该探讨四史教育、党建和院系活动针对全体教师课程思政建设与实践能力提升的有效途径。

（二）"通用学术英语读写"课程案例二

下文以课文 Nobel Prize Winner Tu Youyou（诺贝尔奖获得者屠呦呦）为案例对通用英语读写类课程思政教学设计实践展开叙述。

1. 课程思政要点

（1）在英语语境下学习科学家事迹，感悟其科学精神；

（2）用英语表达刻苦学习、科技报国的意愿和决心。

2. 教学重难点

课文讲述诺贝尔奖获得者屠呦呦通过阅读中医古籍发现治疗疟疾方法，并且冒着生命危险以身试药从而取得成功的故事。教学的重点不仅在于对文本的理解，还在于让学生了解中国科学家走向诺奖的不平凡之路，领略传统中医的魅力，感受中国力量，并学习屠呦呦的家国情怀和爱岗敬业、开拓创新的精神。

教学的难点在于如何组织学生就有争议的话题进行辩论，培养学生根据事实做出判断的批判性思维能力与写作能力。教学设计需要通过阅读、辩论、写作等任务，锻炼学生搜集证据、提炼观点和口头书面表达的能力。

3. 教学内容、过程与方法

本单元教学设计强调自主学习，打破以教师为中心的"一言堂"形式，强调学用一体，用英语完成产出任务，帮助学生树立正确的世界观、人生观和价值观。在课前预习准备阶段，要求学生阅读人物传记《屠呦呦传》（人民出版社）的部分章节，并用英文撰写阅读报告。完成的阅读报告发表在线上学习平台讨论版，同学和老师跟帖点评。

课前还要求学生观看纪录片《20世纪最伟大的科学家之一屠呦呦》，记录重要情节并使用关键词复述纪录片内容，如BBC称屠呦呦是与爱因斯坦、图灵和居里夫人并列的20世纪最伟大的科学家。要求学生思考这一说法的标准，说明屠呦呦作为科学家的伟大之处。

要求学生在文献阅读的基础上准备课堂展示，推荐以下选题：

（1）评述屠呦呦身上的闪光点（如舍小家为大家的家国情怀，反复实验不放弃的决心，以身试药的责任担当），及其对当代大学生的启示；

（2）对比屠呦呦和其他获得诺贝尔奖的华人科学家（杨振宁、丁肇中）的异同，探究科学信仰的本质以及评选伟大科学家的标准；

（3）聆听屠呦呦的诺贝尔获奖感言，结合青蒿素的发现的意义，探讨"中医是一个伟大的宝库"及其对世界科学的贡献。

课堂活动除了针对阅读技能训练的快速阅读、针对课文内容绘制英文思维导图、课堂展示、生生、师生问答互动和点评交流外，高潮应该是自由辩论环节。教师除了主持辩论，最重要的是引导学生理解辩论不仅仅是论断是非，更是要全面看待人、事、物，了解人性和社会的复杂性，从而进一步引发学生思考网络社区对于公众人物的评论，了解如何正确在网络发表自己的看法，帮助确立正确的舆论导向。

课后的写作任务是根据课堂辩论的内容完成议论文写作，要求主题句观点明确，论据为观点起到支撑作用。鼓励学生引用传记和文献资料里的数据和例证，段落之间利用过渡语达到行文流畅的效果。写作成果提交后可以进行同伴互评、课堂点评、分享交流、多次修改等活动，帮助学生从思想内容、写作技巧、语言准确度等多方面提升能力、价值引领，确保课程思政效果。

4. 教学成效与反思

课前阅读人物传记，帮助学生深入了解屠呦呦这一人物背后的中国传统文化、中医魅力和中国科研精神。课堂教学设置辩论环节，促使学生搜索相关资料，通过充分的交流形成自己的观点，同时学会关注信息来源的权威性与可信度，综合做出合理判断。辩论活动不仅提升学生对于论题理解的深度与广度，形成有充分论据的合理观点，也有利于保证写作质量与内容的充实与完整。用英文撰写章节小结与感想并发表在线上学习平台讨论版的作业任务要求，创造了用英语讲述中国故事的机会与交流平台。以学生为中心、以任务为载体的翻转课堂，师生互动以及生生互动所完成的教学内容，既让学生提高阅读能力、表达能力、写作能力，又在潜移默化中坚定理想信念、厚植爱国主义情怀、加强品德修养、增长知识见识、培养奋斗精神。课堂气氛活跃，学生参与程度与质量都较高，教学目标实现效果较好。

课堂展示环节给了学生上台发表观点的机会，而台下同学的提问考验了台上同学应变能力、口语表达能力，也促使台上同学更加全面深入地进行准备，以应对各种挑战。应该结合话题的探讨过程，引导学生进一步拓展思考的深度与广度，如通过屠呦呦反复实验最终成功提取青蒿素的事迹，联系到当代大学生应该如何面对学习生活中的挫折与压力；或对比屠呦呦和其他获得诺贝尔奖的华人科学家的异同，探究科学信仰的本质；或通过小组项目研究，对中医的困境与发展提出建设性想法。

三、"通用学术英语写作"课程

（一）案例一："因果关系"单元

1. 课程思政要点

（1）用英语学习"因果关系"，训练辩证思维，提升逻辑水平；

（2）用英语揭露逻辑谬误，明辨人生事理，探究价值意义。

2. 教学重难点

学生通过课程前期教学已经了解英语写作的基本过程、常见文体和体裁，能列出写作提纲、把握文章整体结构和段落结构，并且掌握论点、主题句书写、段落句子衔接、句子变化等技巧。课程后续部分的教学目标，主要是使用定义、分类、举例、原因分析、比较和对比等一系列论证方法，对论点进行展开论述。

本讲主要学习因果关系作为一种逻辑关系在英文短文写作中的使用，教学重难点包括：（1）分辨原因和结果，用批判性思维分析某个现象的原因或者后果，为写作打下基础；（2）准确理解因果关系及其在写作中的重要性，避免常见因果关系推理谬误；（3）根据文章的主题和目的选择因果论证，有效地标记、展开因果关系论证；（4）写作过程中综合、灵活使用一系列写作策略，如 prewriting（预写）阶段中的 freewriting/outlining（自由书写/概述）方法、初稿撰写阶段的 thesis statement（论点）书写、段落层次构建、例证的使用、用词和句型选择等技巧，将因果逻辑关系作为论证方式之一恰当地应用于短文写作中。

在知识点讲授、例句设计、话题讨论、作业设计等教学环节中，教学设计将世界观、人生观、价值观巧妙融入，要求学生在预习课本、阅读材料的基础上，梳理文章的结构、主旨思想和作者的主要观点，思考价值观、文化、情感等要素。

3. 教学内容、过程与方法

学习语言，提升技巧，加强应用，终究是为了表达思想，交流沟通。在写作课程教学中，只要教师有课程思政教育教学"主力军""主战场""主渠道"的意识，就可以做到处处有思政，时时在育人。因果关系的定义是本讲教学的基础。可以通过时事问题讨论，如 What are the major causes for China's effective control of Covid-19（中国有效控制新冠肺炎的主要原因是什么）？What are the effects of China's timely control of Covid-19（中国及时控制新冠肺炎的影响是什么）？让学生理解原因和结果的逻辑关系，并要求学生记录发言的要点，整理有层次的提纲。

在讨论如何展开因果关系论证时，有必要举例讲授该类型写作的不同结构，学习各种结构分别如何使用。在此过程中，可以融入德育教育话题，如在讨论 Single Cause Many Effects（单一原因多种影响）结构时的话题 The hazards of cigarette smoking（吸烟的危害），在潜移默化中引导学生远离不良习惯，增强健康意识；讲解 Multiple Causes with a Single Effect（多因一体）时，可以结合师范大学特点，用话题 Why do/don't I want to become a teacher after graduation（为什么我毕业后想/不想当一名教师）？探讨教师的职业发展和社会影响，思考职业选择与人生价值问题。

在学习如何用连接词和句型描述因果关系时，如果遇上较为复杂的句型，可以利用精心挑选的例句，如 Greed and a total lack of social consciousness have been cited as major reasons for the dramatic rise in corruption.Identifying the reasons for an emerging phenomenon which involves several complicated factors is far from an easy task.For example, some scientists attribute environmental deterioration to a series of natural factors, while others place the blame solely on inappropriate human behavior.（贪婪和完全缺乏社会意识被认为是腐败急剧上升的主要原因。识别一种涉及几个复杂因素的新现象的原因绝非易事。例如，一些科学家将环境恶化归因于一系列自然因素，而另一些科学家则将责任完全归咎于不恰当的人类行为）在讲解过程中既展示句型的实际使用，又不动声色地传递思想意识。

如何避免逻辑错误的因果论证，是本讲思辨能力培养的重点之一。通过举例阐述在因果论证时常见的逻辑错误，如将时间先后关系等同为因果关系、循环论证等，引导学生学会在日常生活和学术背景中识别"伪因果"论证，避免站不住脚的逻辑论证。

教学设计要求学生提前预习并完成部分练习，课堂活动主要是讨论和互动，帮助梳理全文的框架、段落层级、例证、风格特点和语言亮点，讲解语言表达方面的难点，帮助学生充分理解文章主旨和论证技巧。而文章主题本身就提供了育人基础，如本讲范文之一：Taming the Anger Monster（驯服愤怒的怪物）探讨现代人普遍易怒的原因、带来的后果和解决方式，讲解与讨论的过程，有助于学生反思自身情绪问题，思考如何改善情绪，促进社会和谐。

而课后的写作任务如因果论证的小作文 Why do/don't I want to be an influencer（为什么我不想成为一名影响者）？The effects of being an influencer（成为影响者的影响），则直接针对当前社会的"网红"现象，要求学生思考并用符合因果关系论证逻辑的方式发表自己的观点。

4. 教学成效与反思

通过本讲教学，学生基本掌握了分析并用英语阐述某个现象的原因及后果的方法，并能避免常见因果关系推理谬误，还掌握了几种因果关系短文的段落结构，能结合之前学习的其他写作技巧将因果关系灵活运用于议论文写作。分析阅读篇目时，学生能在教师的引导下进行批判性思考，共同挖掘文章的价值观、文化、情感等语言之外的思政要素。课堂讨论涉及时事社会、健康生活、环境保护、职业理想等话题，贴近生活，有些话题还可以和学生专业相联系，学生愿意积极思考和参与，在讨论过程中进一步加深思考，通过观点分享来评判他人观点的质量，并自然而然地扩充和深化自己的观点，提升了自己认识的广度和深度。在这个过程中，学生可以开阔视野，提升写作能力，也有利于养成倾听的习惯，学会用恰当的方式表达不同的观点，做到求同存异。在课上习作实践以及课后作业的开展过程中，学生基本能主动运用 freewriting/outlining 段落层次构建等策略，用英语表达逻辑完整清楚、价值观积极向上的观点，完成提纲及全文写作。

通用学术英语写作课程不仅培养学生的英语输出能力，还应该重视提升学生的思辨能力。大学生对未来充满憧憬，处在世界观、人生观、价值观形成的关键时期，却又面对着纷繁复杂的社会和良莠不齐的信息，容易受到各种思潮的影响和诱惑，常常感到迷茫和困惑。因此，培养学生筛选并分辨信息，建立批判性思维，提升逻辑水平，不仅有助于在写作时形成清晰的观点，提升写作的深度，更可以帮助发展健全的人格、健康的心智和良好的道德行为。本讲教学内容因果关系是一种在日常生活和学术场景中都最常用的逻辑关系，但在分析这种逻辑关系时，人们却也常常因为缺少严谨的思维能力而陷入逻辑错误，得出错误或者片面的结论。教师讲解时利用逻辑严密的思维导图、流程图，引导学生全面思考问题，分析常见逻辑错误，学会避免不严谨的分析和推论，有助于学生养成透过现象看本质、正确评估观点的合理性和逻辑性的能力。其次，良好的互动氛围，使学生敢想、敢讲，对于提升课堂教学效果非常重要。因此，平时需要加强师生联系，打造以学生为主体的课堂。在教师的引导下，互动的过程是学生各抒己见的过程，也是思想上火花碰撞的过程。本讲在教学文本、讨论话题、作文题目设计等诸多教学环节上融入德育元素，在精心备课的基础上，做到通过语言的运用达到语言知识的内化，同时关注文化差异、培养文化自信，帮助学生坚定理想信念、厚植爱国情怀、加强品德修养、培养奋斗精神、增长知识见识、增强综合素质。最后，学生的习作质量是教学效果的有效反馈。本讲作文主题有关人生价值和职业理想，并且要求分析因果关系，因此学生必须经过认真思考才能产生成熟的观点并表述成文。

多数学生在习作中表达的观点健康向上，但也有同学提出值得商榷的想法。教师需要及时洞悉学生心理，并利用作文互评、观点讨论等机会，进一步引导学生形成正确的价值观，而教师在认真备课、授课、交流、反馈和指导的过程中，用自己的专业和敬业为学生做出榜样，形成教师和学生之间互相信任、教学相长的良好环境。总之，教师应该在传授知识的同时提供人文关怀，以自身崇高的职业理想和无瑕的职业操守感染学生，引导学生共建和谐课堂氛围，树立正确的三观意识，提高人文素养。

（二）案例二："定义"单元

1. 课程思政要点

（1）用英语讲述新时代的"抗疫""抗洪"等"牺牲"故事，阐述中国人对"牺牲"的定义；

（2）用英语交流对比国内外"抗疫"表现，探究治国理念、政治制度乃至文明文化的差异和冲突；

（3）用英语表达"为有牺牲多壮志，敢教日月换新天"的豪情。

2. 教学重难点

本讲在培养学术能力方面，首先，要求学生学习基本要素和术语的事实性知识，区分字典定义和个人定义。以定义"牺牲"为例，学生要能够区分字典定义，并敢于给出非标准的定义。其次，要求学生在一个更大体系内展开想象，参与课堂讨论，运用概念性知识，把握被定义词和其他抽象概念的关系，区分被定义词和其近义词，给予被定义词一些限制，找到被定义词所属的类别，并写出被定义词的主要特点。再次，要求学生通过课堂展示、小组活动等合作学习，获得新信息，查找，阅读、理解、分析并综合相关事例，展示研究成果。比如，阅读分析我国各行各业在对抗新冠病毒的斗争中勇于牺牲自我的英文报道，并通过合并、缩写、改写等方式，用作课堂展示的例证。

教学的难点在于学生思政素养的高度和英语表达能力的基础。首先，单元教学需要学生有独立思考、批判性思考和跨文化交际能力。具体来说，学生应该能够对被定义词进行批判式思考，对被定义词的内涵和外延进行清晰的界定，如明确"牺牲"行为执行者的目标必须是为了多数人的更大利益，因此恐怖分子的所谓"牺牲"，不是真正意义上的牺牲，在不同的文化环境中，对不同，甚至是相反的行为都可能被认为是一种"牺牲"。学生是否能够达到这样的思辨能力，需要教师的重点关注与指导。其次，通过教学内容与思政引领的无缝衔接，单元教学实现人人思政的目标。具体来说，课堂要求学生结合时事，以我国医务工作者和各路抗"疫"大军的大无畏行为为例，对"牺牲"作出正确定义，增强爱国情感，形成对中华文明的认同感。

3. 教学内容、过程与方法

本讲以"牺牲"创设思政主题，以课堂展示实现翻转课堂，以小组讨论为价值引领的承载，以语言输出为导向，以课后写作为成果。教学设计以教师为主导，课堂活动以学生为中心，将思政内容与语言教学内容无缝衔接，在润物细无声中引领学生发现思政价值，展现爱国风采，让学生认清中国各行各业为抗击疫情做出的奉献与牺牲，并通过课堂展示、小组讨论和课后写作表达出来，使整个教学设计立足于培养具有家国情怀、国际视野、用英语"能说会道"的高端人才。

单元教学帮助学生运用写作技巧，对某个抽象词汇做出合理定义，并能够通过比较、分类、举例和否定等技巧来扩展定义。课堂将"牺牲"一词设置为课堂展示、小组讨论、课后写作的主题，教师的讲解也围绕它展开。

比如，首先区分字典定义与个人定义。

（1）字典定义：Sacrifice means to suffer loss of, give up, renounce, injure, or destroy especially for an ideal, belief, or end.（牺牲是指遭受损失、放弃、伤害或毁灭，尤其是为了理想、信仰或目的。）

（2）个人定义：Sacrifice means selflessly giving up something important in one's life in an attempt to maximize the benefit of the majority.（牺牲意味着无私地放弃生命中重要的东西，试图最大限度地造福于大多数人。）

然后给被定义词一些合理限制，使用 when, where, what, who 作为疑问词提问，用 prewriting skills（写作前技巧）来对抽象概念加以限制，写出被定义词所属的类别，如 Sacrifice is an act/a devotion/a choice/an ability...（牺牲是一种行为/一种奉献/一种选择/一种能力……），写出包含被定义词的主要特点，并力求与后续段落相匹配，如 For Chinese medical workers combating against the COVD-19 pandemic, sacrifice involves courage to face up to death, dedication to the Hippocratic Oath and prioritizing public interest over personal safety.（对于抗击新冠肺炎疫情的中国医务工作者来说，牺牲包括直面死亡的勇气、对希波克拉底誓言的奉献，以及将公共利益置于人身安全之上。）运用比较、分类、举例和否定等方法扩展定义等。

课前教师即给出思政和语言评价标准。比如，课堂展示要求做到言之有物、言之有理、言之有据、语音清晰、表达流利；课堂讨论要体现批判性思考和跨文化交际意识，体现对我国国家发展的关注，要使用中国事例作为证据；写作要做到观点一致、证据充足、语言连贯、语言优美等。

教师为小组研究、课堂展示和讨论辩论设定价值引领主题，引导学生将课本知识用于真实场景中的下定义过程，进行事实和价值判断，激发思政热情。

比如，可以提出问题："牺牲"的定义是否适用于以下几类人？判断标准是什么？

（1）殉葬的宫女和嫔妃；

（2）写出"清风不识字，何故乱翻书？"而被处死的清代官员徐骏；

（3）执行9·11恐怖行动计划的邪恶分子；

（4）战死的纳粹德国将军；

（5）自沉于汨罗江的爱国诗人屈原；

（6）购买高额保险后跳楼的自杀者；

（7）参加有偿心理学实验并产生心理创伤的实验者；

（8）参加医学疫苗试验并毫发无损的志愿者；

……

再比如，你是否认为以下两种冲突的行为都包含了某种程度的牺牲？这两种牺牲背后的价值观是否包含冲突？

（1）响应政府号召，积极佩戴口罩抵挡新冠肺炎病毒的我国广大群众；

（2）为所谓"自由"而反对政府要求佩戴口罩等抗疫措施的欧美民众。

经过阅读、分析、思考、讨论，学生能够总结并写出定义"牺牲"的全文主题句。如，牺牲是"在紧急关头""为了某种信念""自愿""不求报酬""放弃自身拥有的物质、权利"，从而"实现更大社会利益的""理性"而又"崇高"的行为。教师可以提示学生用对比、分类、否定和举例扩展定义，根据不同行业，将牺牲分类；或者用否定法提出"牺牲"不总是意味着"死亡"，"牺牲"不是为了达到邪恶目的而实施的非理性行为，并且要将"牺牲"与"奉献""等价交换""战略放弃""双赢"等概念区分开来。

教师点评时应该强调，在我国抗疫过程中，所有的牺牲都是为了同一个目标，控制病毒传播，降低感染和死亡人数。国人的牺牲显示了我们对生命的敬仰，医务工作者不顾自身安全，舍小家为大家的行为，牺牲了自己，造福了全人类。

除了分享讲解优秀作文，总结下定义的写作技巧，还鼓励学生将优秀作文发布到社交媒体平台如朋友圈等，在更广泛的范围内发表对"牺牲"的看法。

4. 教学成效与反思

写作单元主题贯穿课堂展示、小组讨论和课后写作全过程，引领学生知晓历史、关心时事、追踪环球动态、了解国家大政方针，引导学生在英语写作实践中，自觉肩负维护国家尊严的使命，坚定对中国道路的自信。强调交流互动的教学设计，引导学生积极参与讨论、打分、点评、反馈。课堂学习气氛很热烈，同学们的表现很专业，以用促学，共同提高。学生反馈表明，在对这些问题的探讨中，不仅提高了批判性思维的能力，同时增强了爱国情感，形成对民族历史、民族精神的认同感。

写作构思过程中的"中外视角"对比，培养了批判性思维，增强了爱国主义情怀，但在分析"牺牲"背后东西方文化对"自由"的理解差异时，教学出现了困难。学生可能还缺失与西方人交流的机会，难以理解对方的认知和习惯，但建设人类命运共同体，需要我们不仅从本族文化去理解问题。因此，如何提升跨文化交际的意识，把握跨文化交际的尺度，可能是写作课程的重要挑战。

（三）案例三："议论"单元案例

1. 课程思政要点

（1）用英语学习论辩方法，训练辩证思维；

（2）提升运用英语语言武器斗争的能力。

2. 教学重难点

议论文是学术英语写作的重要体裁，体现对议题的理解、评判和论述观点的综合能力。本讲教学重点在于议论文的基本要素以及议论文的构思和组织过程，要指导学生运用议论文写作的基本策略，包括使用技巧性的、礼貌的语言，指出共识，承认有不同的观点，恰当地承认对方观点的有效性，反驳不同观点等。教学内容基于课堂任务和写作实践完成，这些任务活动中采用的议题和内容，应该能引导学生热爱生活，勇于奉献，理性思考，积极向上。

本讲任务难点在于：（1）指导学生确立明确、合适的中心论点；（2）根据中心论点提供具有针对性和说服力论据和论证；（3）将恰当的让步与反驳策略与立论结合起来；（4）论证中避免常见的逻辑推理谬误；（5）选择合适的议题和讨论内容，激发思考与表达的兴趣，培养辩证思辨能力。

3. 教学内容、过程与方法

在课前预习准备阶段，学生阅读教材相关章节中的两篇"学生习作"和一篇

"专家作品",尝试概括议论文的基本要素和特点。学生还分小组讨论相关话题,比如威廉·戈尔丁(William Golding)的论断:

I think women are foolish to pretend they are equal to men. They are far superior and always have been. Whatever you give a woman, she will make greater. If you give her sperm, she will give you a baby. If you give her a house, she will give you a home. If you give her groceries, she will give you a meal. If you give her a smile, she will give you her heart. She multiplies and enlarges what is given to her. So, if you give her any crap, be ready to receive a ton of shit!

组员在反对或支持时需要提供理由和论据,然后完成日志作业。

课堂活动包括分享辩论与在教师讲解说明引导下的写作实践任务。比如通过漫画、引言、电影对白,引出 argument 基本特点和与 negotiation 的区别;当堂快速阅读并分析学生习作和专家作品,并请同学分享自己的理解,进行生生互评和教师点评,对重要知识性内容加以总结;用过程展示的方式,引导学生学会议论文构思和组织,并挑选贴近学生生活,能激发学生兴趣,并引发人生观、价值观话题思考的话题,进行讨论和辩论。

以"大学生参与志愿者活动"话题为例,先帮助学生明确题目"Should college students be required to take voluntary work?"的性质是 Exposition 还是 Argumentation(Argumentation 不仅是说明和解释,关键还要驳斥对方的观点,给出论据,说服读者接受自己的观点),学生分组辩论后,列出正反观点和理由,如:

Students' arguments against being volunteers:

(1) It's a waste of time. I should focus on my study. It is more important to study hard and earn higher GPA.

(2) I have heavy academic pressure. I have no time to do unnecessary work.

(3) I'm not willing to work without any financial reward. Why should I spend time and efforts if I can't get me any money from being a volunteer?

(4) Most voluntary work is boring and meaningless. In my spare time, I prefer to spend the time on what I'm interested in.

(5) I don't care about it. I only need to mind my own business.

Students' arguments for being volunteers:

(1) We can broaden our horizons by doing voluntary work.

(2) Working as a volunteer may expose students to different situations and improve their overall ability.

(3) We will meet people with different personalities, and we can improve our interpersonal skills.

(4) We should get out of the ivory tower and get to know the outside world.

(5) We can enhance our social responsibilities by being volunteers.

(6) We will not always be able to find something that is to our interest. That's the reality.

(7) Money is not everything. Material or financial benefits should not be the ultimate pursuit of students.

学生尝试整理两方面的观点，用带有"although"或"because"的句型写出主题句，表明观点，如：

(1) College students should be required to do voluntary work because students can broaden their horizons, improve interpersonal skills and enhance their social responsibilities.

(2) College students should not be required to take voluntary work due to the waste of time, the lack of interest in particular jobs, and the heavy academic pressure in school.

(3) Although some students claim that being a volunteer is a waste of time, voluntary experiences can broaden students' horizons, improve their interpersonal skills, and enhance their social responsibilities.

在讨论有关"反驳"策略后，组织进行依据辩论结果与预习讨论内容的课堂讨论，要求学生尤其注重对策略的实际运用。比如在讨论妇女角色地位时，同学们指出：

(1) William Golding only praises the women from his stereotype of women's roles in the families. Nowadays women can accomplish much more independently

in the society.

（2）Men can complete all the things mentioned by William, so gender is not the reason to tell who is superior.

课后作文的话题是：Do you worship any celebrities？教师在点评时，不仅要总结：（1）议论文写作的四个基本要素，如承认有不同的观点、恰当地承认对方观点的有效性、反驳不同观点等；（2）议论文的结构和明确的主题句和中心句；（3）同学表述不够准确、精简或具体、连贯性有待提高的地方；（4）在论证层面，帮助学生学会提出具有说服力的论据和论证，同时避免常见的逻辑推理谬误。教师要引导学生进行层层剖析，更深刻地理解追星的本质及其影响，从而培养学生运用历史唯物主义和辩证唯物主义的基本原理去分析问题、解决问题，帮助他们树立正确的价值取向。

4. 教学成效与反思

通过课前预习，大部分学生对议论文这一体裁不再陌生，都能够有效概括出相关要点，也能指出议论文与之前学习的说明文（exposition）之间的区别。在没有正式上课之前，学生就已经能运用一些反驳策略来质疑威廉·戈尔丁（William Golding）的结论和论据，并举出反例，从而去思考"什么是真正的男女平等"这样的社会问题。议论文写作教学过程中一些有争议的话题，能够引导学生辩证思考，认真讨论，更多地倾听不同的声音，了解其他人的不同观点，有利于批判思考和分析问题。与社会和民生有关、接近学生学习和生活的话题，让学生更加关注生活，学会承担社会责任，并探索解决社会问题的方法。课堂教学中对"大学生参与志愿者活动"这一话题的辩论和写作任务，能引导学生更好理解志愿者服务的意义，帮助学生端正观念，树立有益的价值取向。

学生在议论文写作上存在两个难点，一是关于观点：无法给出一个确切的中心论点，或无法用英文恰当地表达自己的观点和理由。指导学生确立中心论点，应该体现他们自主思考和批判思维的能力。中心论点不应太绝对或太极端，不必是完全肯定或否定某一个争议话题，而是可以更科学，或者更委婉地提出某个观点。中心论点越辩证、越合理，就越能让其他人接受和理解，越不容易遭人反驳。当然针对不同的议题，要如何写出完善的中心论点，需要学生平时积累，生活中养成独立思考、批判性和创造性分析问题的能力和意识。二是论证过程中：如何运用可靠论据支持自己视角下的观点，并同时有效反驳另一方的观点，在文字和材料组织上还需要更多的操练。有些同学过度批驳另一方观点，没有很好地支持自己的观点；还有同学批驳另一观点，与自己观点产生矛盾，出现逻辑谬误。所以需要结合同学的作业情况具体分析，在写作实践中发现学生的问题表明可能光靠讲解修正逻辑谬误练习还是不够的。

四、"英语应用"系列课程

（一）"英汉互译"课程

以"英汉语言文化对比"单元为案例。

1. 课程思政要点

（1）用英语学习领会英汉语言差异和文化差异，提升民族认同和文化自信；

（2）用英语学习翻译策略，为有效传播汉语文化、发出中国声音做好准备。

2. 教学重难点

本单元有关中西方语言文化对比的教学内容，让学生更好掌握英汉两种语言在思维和表达习惯上的差异，进而掌握在英汉语言之间转换的原则、策略和技巧。要让学生意识到语言是文化的载体，英汉语言的差异与中西方文化差异有密切的联系；要通过大量典型例句和篇章的对比，让学生发现英语和汉语在词汇、句法以及篇章上的差异；要通过英汉互译的练习，让学生体会到英汉语言的差异，是英汉互译的主要难点；要让学生学会发现语言规律，掌握学习外语的正确方法。本讲通过中西方文化对比，让学生在了解西方文化的同时，更加深入地理解中国文化的精髓，并培养其辩证思维能力，通过讨论让学生认识到文化并没有优劣之分，既不一味崇拜一种文化，也不应任意贬低其他文化。

3. 教学内容、过程与方法

课前任务包括阅读教材指定章节、自行查阅相关资料、就中西方文化差异话题准备课堂展示等。课堂活动包括小组汇报、针对小组课堂展示内容进行课堂讨论、结合例句和翻译练习进行的有关文化和语言差异的讲解与讨论等。课后作业是完成相关文献的阅读并参与线上讨论，还有英汉互译练习。

为更加深入体会英汉两种语言在词汇、句法以及篇章三个层面上的差异，还可以设计"回译"练习，引导学生注意体会语言表达方式的差异。

可以引导学生关注英语和汉语各自的美妙，以及两种语言所表达美感的差异。应当选取语言地道、表达经典的作品和例句，让学生在对比中感悟，在对比中学习。

练习评讲是翻译课重点教学内容呈现最密集的部分。除了指出普遍性错误，还应该让学生将自己的翻译与原文进行对比，找出自己翻译的文本与原文表达有差距的地方，进一步理解地道的英语表达和汉语表达的特点，并认识到翻译过程实际是一种译者对原文的"再创作"。

4. 教学成效与反思

深入理解两种语言的差异，是学习掌握翻译技巧的关键基础，更能有效促进掌握正确的学习英语的方法，提高英语学习效率。通过讨论、讲解和回译练习，学生能够更深入理解两种文化以及两种语言之间的差异，更加深刻体会中华文化的博大精深，不会一味崇拜西方文化和政治体制。并且由于选修课班级的学生来自不同专业，讨论更是不同观点、不同角度的思想碰撞，使得课堂气氛更加活跃，学生在讨论的过程中提高了思辨能力。

有效组织学生讨论是教学的难点，教师应当注意引导和控制，确保学生积极而又有效的发言，既鼓励学生认真思考、积极发言，又要对讨论的时间和内容进行把控，及时纠正不恰当的言论，培养学生辩证思考的能力。同时，在例句和练习题材的选择上要注意材料内容的思想性和典型性，选择既经典、积极，又适合学生英语水平的材料，以提高学生学习和讨论的积极性。

（二）"英语口译"课程

以"文化口译"单元为案例。

1. 课程思政要点

（1）用英语学习中国文化，提升民族认同和文化自信；

（2）提升用英语传播中国文化的能力。

2. 教学重难点

本讲进一步提高学生口译的实践能力，同时增强母语文化自信和民族自豪感。但英语课中的思政教育需要以事实为依据，不能先入为主，空喊口号。口译课程教学还特别需要关注学生基础水平和学习能力的差异，采取相应的教学策略。

3. 教学内容、过程与方法

口语训练的话题选择注重文化对比方向，如要求学生就"The major differences between the Chinese and American people"为题，当堂准备至少 2 分钟的口头英语阐述。多种形式的口译训练是课程教学设计的根本，比如口译影子训练（shadowing），老师逐句播放一小段关于中国传统音乐的中文介绍音频，要求学生逐句跟读后马上英译，并上传音频至在线学习平台或班级群，教师当场挑选部分内容进行点评，并组织学生交流讨论。

在限定时间内完成听、说、译的任务，会给学生带来一定的压迫感，有利于磨炼心理素质，而话题的选择也让学生感受到中国传统音乐的优美与博大，激发他们对祖国传统艺术和文化的热爱。

再比如针对新闻、影视剧、书刊中常见的中英文化信息词（culturally-embedded words）的口译训练。在学习中式菜名英译时，以美国某地唐人街几家中餐厅的英文菜谱为例，结合某些纪录片视频片段，组织探讨菜名英译表达的特征和方法，分析中式菜肴小吃的翻译策略，然后请同学们尝试运用刚学会的翻译方法，举例说明自己喜爱的中国菜或小吃的英译方法。教师点评和讲解时，要引导学生关注菜名、小吃名所蕴含的重要文化信息，尤其要指出在信息交流日益频繁，文化交流不断加深的时代，译名也得与时俱进，应该摒弃崇洋媚外的思想，具有文化输出的自信态度。也可以引导学生根据不同的语言环境和交流对象，采取适当的意译、音译加范畴词或加简短解释的方式，有效传递菜式的色香味意形，避免冗长的解释型翻译，少做"吃力不讨好"的事情。

4. 教学成效与反思

本单元从历史、文化等多方面用实例和数据所进行的对比，让学生在提升英汉口译实践能力的同时，增加了对祖国历史文化的自豪感和自我身份的认同。此外，通过组织课上讨论和课后在线学习平台发帖，成功调动学生的学习积极性，引发对问题的多角度深层次思考，在课内课外营造一种相互学习、积极向上的学习氛围。

口译课堂教学是师生、生生一次次的思想碰撞和交流。老师不能仅仅满足于传授学生一些英汉口译的技巧和知识，更应该在思想教育上发挥正确引导的作用，应将中国历史、文化、政治、经济等方面的内容融入口译教学。思政教育不能空喊口号，不能流于形式，也不能以老师的所谓权威性去压制学生的活跃思想，而应该通过令人信服的数据和事实比对，让学生培养良好的思辨意识，在提升口译实践能力的同时，真切体会到作为中国人的自豪，增强在对外交流活动中的民族自信。

（三）"英语公众演讲"课程

以"中国主题 TED 演讲"单元为案例。

1. 课程思政要点

（1）用英语了解"世界如何看中国"，培养历史思维、系统思维和辩证思维的能力；

（2）用英语表达"什么是中国"，提升发出中国声音的能力。

2. 教学重难点

学习英语公众演讲，学生面临不小的挑战，如爱国情怀和思辨能力的匹配、爱国情怀与中国问题相关研究文献的阅读厚度的匹配、爱国情怀与英语语言知识和听说能力的匹配、爱国情怀与跨文化修养的匹配等。对教师的要求也很高，比如，不能泛泛地讲爱国情怀，要引导学生在跨文化交流的冲突中思考如何爱国；要对演讲话题有深厚的知识储备，不仅要引导学生理解西方演讲者的观点，更要培养学生站在中国立场上独立思考；养成正确的世界观、人生观和价值观，不能靠口头说教，而要坚持正确的政治立场，润物细无声地引导学生爱党、爱国，践行社会主义核心价值观。

3. 教学内容、过程与方法

学生课前分组赏析几篇有关中国话题的 TED 演讲，如 Understanding the rise of China, Are China and the US doomed to conflict？ Is war between China and the

US inevitable？ How American and Chinese values shaped the coronavirus response 等，引导学生关注演讲者的"西方立场"及其使用的演讲策略，分析演讲者立场背后的价值取向以及其论据的可信度，阅读听众互动留言，收集整理留言区听众对中国问题的"偏见"。此外，还要求学生搜索并掌握有关演讲者的基本信息，观看该演讲者的其他演讲，更正确地理解指定演讲的中心思想。

课堂展示和讨论主要分析演讲的语言策略和非语言策略，以及演讲者的价值取向。学生还讨论留言区的"偏见"评论，思考如何从中国立场出发予以回应，进行有效沟通。教师的讲解点评除了涉及演讲策略，还尤其注重突显正确的"中国立场"和"中国观"。

课后学生梳理中国话题词汇和句型，学习语言表达方式；学生根据课堂讨论内容，撰写对上述演讲的评论，表达中国立场和中国态度；学生围绕上述演讲主题，自拟演讲题目，进行三分钟演讲，并上传至在线学习平台或班级群交流分享。

课程鼓励使用合适的应用软件进行演讲、配音等活动，组织小型演讲和配音比赛，帮助学生提高语感，改善语音语调，激发学习兴趣。

4. 教学成效与反思

英语公众演讲课程在英语演讲展示、讨论、互评活动中加强课程思政，在真实交流环境中就中国问题进行沟通，从内容输入到思辨性批判，再到输出回应，提升学生语言学习动力。课程改变传统的教师讲授为主的教学方式，以学生为主体，满足了学生运用英语进行交际的需要，提高学习的主动性。课程引导学生树立正确的世界观、人生观、价值观，在教师授课、学生演讲、师生互动讨论的过程中，润物细无声地将正确的理念输入学生心灵。学生开始有意识地关注并理性思考西方人对中国的评价，不再人云亦云，同时在评价国际事件以及中西方关系时保持不卑不亢、理性客观的态度和视角。教师需要充分挖掘课程素材的思政教育点，并找准切入点，做到思政元素和演讲教学有机融合，浑然天成，让学生通过学习英语和了解英语国家社会与文化，培养民族自豪感和爱国情怀，坚定政治方向，提升在跨文化交际中传播中国文化、中国智慧的能力。

英语公众演讲是一门专业性很强的课程，在实践思政教学的过程中，教师不能只顾知识和技能的传授而忽略正确的政治方向以及价值观的引领，既要有鲜明的政治立场，又要避免向学生灌输极端的或者不成熟的政治观点，更不能发表有违党和政府方针政策的言论。教师要引导学生时刻关注国内外政治经济形势，并充分利用讲解"两会"、抗疫情况或者中国传统文化等话题的演讲任务，培养学生用英语讲好中国故事的能力。此外，互联网时代信息异常丰富，但内容良莠不齐，学生有可能被误导、被煽动，教师必须帮助学生坚定立场，摒弃主观片面认识，以辩证思维看待中西方差异，正视国情。要正面影响学生，培养家国情怀，增强文化自信，让每一个学生拥有一颗赤诚的"中国心"！

（四）"英语媒体资源与英语学习"课程

以"同样的话题，不同的角度"单元为案例。

1. 课程思政要点

（1）用英语体会国外所谓"客观""公正"媒体的欺骗性和虚伪性，培养系统思维和辩证思维的能力；

（2）用英语揭露国外媒体"洗脑"手法，提升思辨和斗争能力。

2. 教学重难点

本课程部分内容依托项目教学流程组织课堂教学，而"比较"和"对比"在项目进程的任何阶段都极其重要，涉及课题的选择、文献的截取、方法的采用、研究结果的呈现、阐述和讨论等。教学的难点恰恰在于，尽管"比较"和"对比"并不是新的知识点，但学生在比较时往往流于表面，或者比较的过程和结果不完善，缺乏逻辑。

3. 教学内容、过程与方法

本讲知识内容涉及"比较"宽泛和狭义的定义、功能和用途、主要呈现结构、两种结构的优势和劣势、呈现结构的连接手段等。比如同样报道北京雾霾情况的两则分别来自 ABC 和 BBC 的新闻，话题相同，主要信息相近，但细节有所不同。这要求学生在理解新闻的基础上，从信息的准确性、数据的客观性和公平性、信息来源、无关信息的植入、画面的选择等主要比较点，判断哪一则新闻更加客观。学生可以直观地感受对相同话题内容采用不同方式报道的前因后果，意识到事实信息被歪曲的可能性。

4. 教学成效与反思

在有关"比较"的教学内容中，比较点容易显得抽象，在内化的过程中需要刻意而为之，使比较的结构更加清晰。经过教学和讨论，学生能够有意识地使用语言手段连接内容，使内容更加连贯、通顺、易读。而且，学生得到鼓励，从不同的角度对材料进行对比，不仅可以从语言和内容切入，还可以从技术、画面等角度讨论。这样多角度的讨论帮助学生更加清晰地理解不同的国家，出现为了不同的宣传目的，选择不同新闻内容，采用不同阐述方式等一系列现象。学生在学习语言的同时，也对意识形态方面的内容进行思考和交流。

比较新闻能够引起学生热烈的讨论，但难点在于容易先入为主，自己的主观判断影响了态度，从而难以客观地看待数据，或者忽略数据的主观性（如数据采集的主观性和解读的主观性），忽略信息呈现方式的不同带来的主观影响等。所以，应该鼓励学生从根源上去理解数据，鼓励他们更加开放思维，而不是拘泥于已知的、安全的话题。

第五章 专门用途英语类课程思政建设与课堂教学实践

本章主要论述专门用途英语类课程思政建设与课堂教学实践，详细介绍了专门用途英语类课程思政教学目标、策略与评价以及专门用途英语类课程思政教学设计案例。

第一节 专门用途英语类课程思政教学目标、策略与评价

大学英语教学旨在培养具有良好健全的个性品格和创新能力、能适应学习型社会及国际竞争需要的复合型、创新型、应用型人才。高校开设大学英语课程，一方面是满足国家战略需求，为国家改革开放和经济社会发展服务，另一方面是满足学生专业学习、国际交流、继续深造、工作就业等方面的需求。随着经济全球化发展，国际交往日益密切，中国需要大量既懂英语又了解专业知识的复合型应用人才。专门用途英语课程以英语使用领域为指向，以增强学生运用英语进行专业和学术交流、从事工作的能力、提升学生学术和职业素养为目的，具体包括学术英语和职业英语两类课程。专门用途英语课程将特定的学科内容与语言教学目标相结合，其教学活动着重解决学生学习学科知识过程中遇到的语言问题，以培养与专业相关的英语能力为教学重点。专门用途英语具有很强的实用性和针对性，是大学英语工具性的重要体现。除通用英语技能培养之外，提供适度的与专业相关的英语知识输入与技能，同时在教学过程中有意识地融入课程思政要素，既育才又育人，为国际化交流打下坚实的基础。

专门用途英语类课程思政建设与课堂教学实践，以"（项目式）学术英语""剑桥商务英语""体育赛事英语""'艺体类'大学英语课程"等课程为例加以阐述。

一、教学目标

专门用途英语类课程培养学生的英语应用能力，增强在特定领域的跨文化交际意识和交际能力，同时发展自主学习能力，提高职业和综合文化素养，满足国家、社会、学校和个人发展的需要。

（一）"（项目式）学术英语"课程

1. 英语文献阅读能力

（1）理解《治国理政》相关文章尤其是与自己学科专业领域问题相关文章的思想内容，能够分析材料的中心思想、重要细节、篇章结构、逻辑关系、修辞手法、体裁特征、作者意图、文化差异等；

（2）了解自己学科专业学术研究的常见形式和基本方法，掌握自己学科专业学术研究项目的选题过程和方法；

（3）掌握自己学科专业英语学术文献检索、筛选和整理的方法；

（4）理解自己学科专业英语学术文献的思想内容，能够分析材料的中心思想、重要细节、篇章结构、逻辑关系、修辞手法、体裁特征，作者意图、文化差异等。

2. 学术英语写作能力

（1）能够就以"社会关切"引导《治国理政》学习，以"问题导向"引发研究兴趣，在选题时将个人学科专业、研究兴趣与新时代的中国现代化建设实践相结合，用英语完成学术研究项目，用学术研究项目回答治国理政问题，提升国情意识和社会责任感，触动家国情怀，实现大学英语、学科专业、课程思政三位一体协同发展，用英语进行书面交流，写出主题明确、内容详实、结构分明、逻辑顺畅、语言准确、表达得体的短文；

（2）掌握英语文献综述的写作目的、篇章结构、逻辑关系、修辞手法和体裁特征，能够写出一定篇幅的、符合学术规范的英语文献综述；

（3）掌握英语学术论文的篇章结构、逻辑关系、修辞手法和体裁特征，能够写出一定篇幅的、符合学术规范的英语学术论文。

3. 学术英语与跨文化口头交流能力

（1）能够运用合适的展示策略与技巧，利用多媒体展示技术，对《治国理政》相关文章的中心思想、重要细节、篇章结构、逻辑关系、修辞手法、体裁特征、作者意图，文化差异等，用英语进行口头描述、说明、解释和评析；

（2）能够运用合适的展示策略与技巧，利用多媒体展示技术，对自己学科专业英语学术文献的中心思想、重要细节、篇章结构、逻辑关系、修辞手法、体裁特征，作者意图、文化差异等，用英语进行口头描述、说明、解释和评析；

（3）能够运用合适的展示策略与技巧，利用多媒体展示技术，对本小组研究项目的背景、意义、目的、理论支持、相关研究、研究方法、步骤等内容，用英语进行口头描述、说明、解释、论证和评析；

（4）能够运用合适的展示策略与技巧，利用多媒体展示技术，对本小组研究项目的实施、结果、数据、分析、讨论，结论等内容，用英语进行口头描述、说明、解释、论证和评析；

（5）能够理解其他同学的课堂展示、项目研究报告等英语产出成果的中心思想、重要细节、篇章结构、逻辑关系和作者意图。

4. 综合素质

（1）能够通过完成文献阅读、项目选题等任务，展现"提出问题"的能力；

（2）能够通过完成文献综述、研究结果、研究结论等的写作与口头交流任务，展现"分析问题"与"解决问题"的能力；

（3）能够通过完成学术研究项目各项任务，展现逻辑思辨与批判性思维能力；

（4）能够通过完成各项课前任务与课后作业，展现自主学习的意识与习惯、方法与策略；

（5）能够通过完成小组学术研究项目，展现设计、规划、管理与执行的能力；

（6）能够通过完成小组学术研究项目，展现团队协作精神和协同能力；

（7）能够通过完成小组学术研究项目，展现一定的领导能力。

（二）"剑桥商务英语"课程

1. 商务英语阅读能力

（1）掌握商务英语术语和各种商务知识；

（2）能准确理解商务英语文章与商务新闻。

2. 商务英语交际能力

（1）能听懂商务英语对话，并作出恰当的判断和应对；

（2）能根据语音电话内容提取重要信息，并用英语写出准确、简短的电话留言；

（3）能用英语就某一商务话题进行简短陈述，做到主题明确，表达流畅，用语到位，发音准确；

（4）能用英语介绍某个公司或产品，掌握各类商务英语信函的格式和用语。

3. 综合素质

（1）能用英语表达相关职业规范，展现对职业精神的理解；

（2）能用英语讲述遵纪守法、爱岗敬业、无私奉献、诚实守信、开拓创新等职业品格的内涵和事例；

（3）能用英语讲述社会责任感的内涵和事例。

（三）"体育赛事英语"课程

1. 体育知识和能力

（1）了解国际主要体育赛事的起源、发展、管理机构、基本规则等知识；

（2）了解奥运会基本知识；

（3）掌握各项目主要英语体育术语；

（4）能用英语介绍各体育项目组织机构基本情况。

2. 体育英语交际能力

（1）能听懂国际体育赛事的英文解说；

（2）能用英语介绍体育赛事；

（3）能搜集资料并完成介绍指定体育项目的书面报告。

3. 综合素质

（1）通过完成小组研究项目任务，展现团队合作及交流沟通能力；

（2）能用英语表达对体育精神的理解；

（3）通过完成各项课前准备、课堂活动、课后作业和课外志愿者服务等任务，展现吃苦耐劳、坚韧不拔的品质；

（4）通过用英语介绍我国体育运动和全民健康发展情况，展现爱国主义和理想主义精神。

（四）"艺体类"大学英语课程

1. 通用英语能力

（1）能够完成简单的日常口语交流；

（2）能够读懂篇幅在 800 词以下、难度适中的文章；

（3）能够完成简短的实用文写作。

2. 专门用途英语能力

（1）掌握适量的专业相关高频英语词汇；

（2）能够听懂与本专业相关的简单英语表述，并有能力以英语给予相应的反馈；

（3）能够基本看懂普通难度的实用英语材料；

（4）能够用英语进行与专业相关的简短应用文写作。

3. 综合素质

（1）通过用英语听懂、读懂、能说、会写简单的与体育专业相关的内容，展现健康第一的教育理念，提升全民族身体素质的责任感，坚定顽强拼搏、奋斗有我的信念，培养强烈的家国情怀和社会责任感，发展弘扬传播中华优秀传统文化的意愿和大学英语、学科专业、课程思政三位一体协同发展的意识；

（2）通过用英语听懂、读懂、能说、会写简单的与艺术学类专业相关的内容，展现文化自信、自身审美和人文素养，立足时代、扎根人民、深入生活、以美育人、以美化人的艺术观和创作观，弘扬传播中华优秀传统文化和中华美育精神的意愿，树立大学英语、学科专业、课程思政三位一体协同发展的意识。

二、教学策略与评价

专门用途英语类课程将特定专业领域内容与语言教学目标相结合，其教学活动着重解决学生专业领域知识学习过程中所遇到的语言问题，培养专门领域语言应用和有效沟通的交流能力。

全面推进课程思政建设就是要寓价值观引导于知识传授和能力培养之中，帮助学生塑造正确的世界观、人生观和价值观。专门用途英语类课程以树人为核心，以立德为根本，以润物细无声的方式将思政教育融入教学过程，以学生需求为导向，强调学生的参与度，在教学中将知识传授、能力培养和价值引导融为一体，致力于提升学生的整体综合素质。

（一）"（项目式）学术英语"课程

（1）用英语完成学术研究项目，用学术研究项目回答"治国理政"问题，实现大学英语、学科专业、课程思政三位一体协同发展。《教育部高等教育司2020年工作要点》要求"持续深化公共外语教学改革，推进外语与专业教育相结合"，"学"大学英语，就是为了在学业发展、学术交流和未来工作等专业交际场景中"用"。（项目式）学术英语课程遵循应用导向理念，实践项目教学模式，引导学生以小组为单位，用英语完成学术研究项目和与之配套的各种任务。课程要求学生直接阅读本专业英语文献，既学习学科专业知识内容，又学习英语表达方式，直接进行反映最终极学术交流场景的书面和口头交际，提高学术英语表达能力，为学生学科专业发展服务。课程采用线上线下混合式教学手段，实现翻转课堂，创建真实交流场景，用书面和口头交际任务，驱动学生直接从各自学科专业英语文献中汲取内容与表达方式的养分，实现大学英语与专业学科学习的"双赢"。

学生首先阅读《习近平谈治国理政（英文版）》（以下简称《治国理政》），理解其所阐述的目标要求、宏观策略和大政方针，然后根据社会关切和研究兴趣，结合自身专业背景，组成研究小组，在初步阅读相关文献的基础上，初步确定项目的选题，并讨论选题的可行性。项目研究的选题范围，包括但不限于学生学科专业领域的问题，但都必须来自《治国理政》所覆盖的主题。项目的具体形式，则可以是一个研究课题、一项调查、一个案例分析等。

学生以小组为单位，利用多媒体手段，进行课堂展示，阐述其所阅读的《治国理政》相关章节的主要内容，并介绍其对于小组项目选题的指导作用。全班各个小组不同的社会关切和研究兴趣，驱动其阅读不同的章节内容，使得全班同学既能够相对仔细地学习《治国理政》中与其研究问题直接相关的章节内容，又有机会通过相互交流，较为全面地了解该书的基本框架和主要内容。

学生继续进行与项目话题相关的英语学术文献资料的查阅、甄别、收集、整理与阅读，学习文献综述的概念，尝试文献综述的写作。学生在明确项目的总体思路，细化、完善项目设计及方案的基础上，以小组为单位，利用多媒体手段，进行项目中期汇报（开题答辩），对研究的背景、意义、目的、理论支持、相关研究、方法、步骤等进行描述、说明、解释、论证和评析。全班通过同伴互评反馈，讨论反思各小组研究项目实施过程中的问题，实现陈述汇报的交际有效性。各小组必须完成一定篇幅的项目报告的撰写，最后进行期末汇报（项目答辩），针对项目的实施、结果、数据、分析、讨论、结论等内容进行阐述。

各小组完成项目报告写作后，重读《治国理政》相关章节，体会大学英语、学科专业、课程思政教育教学在项目研究过程中的融合，并在期末汇报时，交流其通过学术项目研究，对于治国理政和社会关切更深刻的理解和认识。

（项目式）学术英语课程针对项目进程中学生会遇到的文献综述以及议论文、说明文、图表、摘要等写作方面的重点与难点问题，均采用"翻转课堂"教学模式，让学生在教师讲授前先尝试自主学习，根据话题内容和所布置的任务，阅读相关材料，并以小组为单位，制订发言提纲、制作 PPT、准备课堂口头展示，利用各种口笔语产出性交流任务，"以用促学"。课后，学生针对所阅读的英语文献资料的中心思想、主要细节、篇章结构、逻辑关系、修辞手法、体裁特征、作者意图、文化差异等，进行深度分析研究与自主学习，"学以致用"。

大学英语学习和学科专业发展的真实需求相结合，边学边用，学用一体，使得英语口头与书面输出，成为有真实目的、有真实意义的输出，而英语输入，则成为针对学科专业研究兴趣、为最终完成各项学术交流任务而进行，从而成为有真实目的、真实意义的输入。学生在真实的场景下真实地使用英语，在实际运用过程中发现难点和重点，体会自身能力的不足，找出问题，并力图解决问题。这个过程中的输入活动，由学生的专业发展、研究兴趣和未来工作及对外交流需求驱动，对比教材和课文学习，更加有直接意义；这个过程中的所有口头和书面输出活动，均有真实目的、真实内容和真实意义，因此对于输入有着强大的驱动作用，能够充分推动学生更加自觉、更加有意识地将输入与输出结合起来，使输入服务于输出。

用英语讲好中国故事，不能仅局限于历史文明或传统文化，更要有针对性地进行新时代中国国情教育，更要体会、宣传新时代的中国思想、中国智慧，坚定中国特色社会主义道路自信、理论自信、制度自信、文化自信。为此，（项目式）学术英语课程将《治国理政》融入课程设计，而且不仅仅满足于"阅读"《治国理政》，或进行中英文本对照"翻译"，而是要求学生从《治国理政》中选择中国特色社会主义、全面深化改革、经济发展、法治社会、精神文明、环境保护、国防、外交等新时代的中国在政治、经济、社会、文化等方面的话题作为选题范围，用英语完成学术研究项目（如社会调查、案例分析、综述研究等），引导学生提出回应师生社会关切以及追踪国际形势风云变幻的研究问题，确定科学的研究方法，大量阅读各学科专业权威英语文献资料，学会用英语撰写研究报告和学术论文，不仅做到英语语言技能训练与学科专业知识学习"双赢"发展，还与《治国理政》思想内容深度融合，消除思政教育与专业教学"两张皮"的现象。学生用英语完成学术研究项目，用学术研究项目回答"治国理政"问题，增强国情意识、责任意识、使命意识，体会知行合一；学生用英语学习领会习近平新时代中国特色社会主义思想，用英语讲好新时代的中国故事，实现大学英语、学科专业、课程思政三位一体协同发展。

（2）《治国理政》融入教学设计，帮助找到项目研究共性，弥补学科专业背景差异，促进跨学科、跨专业学习交流。（项目式）学术英语课程要求学生根据自己的社会关切和研究兴趣，结合自身专业背景，组成研究小组，阅读《治国理政》相关章节，商议并提出项目的选题方向。

学生检索并阅读相关英语学术文献资料，为项目选题和研究设计提供思路和借鉴。比如，根据《治国理政》"绿水青山就是金山银山"的论述，某小组几位环境科学、地理、化学等专业的同学,决定以"环保"为选题方向,并以"垃圾分类"作为研究范围。但到底是以某个城市"垃圾分类"是否科学合理为研究问题,并以科学统计官方,权威平台发布的数据为主要研究方法;还是以市民群众是否接受"垃圾分类"宣传和推进办法为研究问题,并以问卷、访谈等方式进行社会调查为主要研究方法;抑或是跟踪调查海外某个地区或城市的生活垃圾分类、收集、运送、回收、处理等方面的政策演变和经验教训,进行案例分析;或者对多个国家、地区或城市垃圾分类的规定与效果进行对比研究等等,都需要小组成员作出选择。此外,其他院系专业的同学对同一话题也完全会有不同的研究问题,如计算机科学和软件工程专业的同学也许会对垃圾分类中人工智能技术的应用前景感兴趣,而法律专业的同学则可能关注垃圾分类相关政策、规章制度和奖惩措施所涉及的公民权利等法律问题等等。课程要求各小组完成项目研究报告写作后,重读《治国理政》相关章节,在期末汇报(项目答辩)时,除针对项目的研究结果进行分析和讨论,还交流其通过学术项目研究对于《治国理政》思想内容更深刻的理解和认识。

由相同专业背景同学组成研究小组,应该更适合直接将英语学习与学科专业相结合。但选课制会产生混合专业班级,这本是项目式教学的不利因素,但《治国理政》对学术英语课程"研究问题"的范围与方向的规定,使得不同学科专业背景的同学有机会从共同的社会关切出发,找到研究问题与自身学科专业背景和研究兴趣的关系,促进跨学科、跨专业交叉融合研究,建立互通有无、合作共赢的基础,在相当程度上解决部分同学因学科专业背景差异而英语学习动机强度不足的问题。

在选课制产生的混合专业班级中,有些项目研究小组的成员全部来自相同或大类招生、大类培养的院系,学习相同或相近专业,因此至少在小组内部,比较容易启动追求英语与专业"双赢"的学习,但也有可能存在部分小组的部分成员来自不同专业院系、学科专业背景完全不同的情况。《治国理政》融入学术英语课程,通过相同的社会关切,在"提出研究问题"的层面帮助找到项目研究共性,即同样的研究问题,可以从不同的学科专业角度寻求答案,为小组启动跨学科条件下的项目研究提供基础。不同专业背景的小组成员虽然各自分头阅读本专业学术文献,但在讨论选题方向、界定选题范围、提出研究问题时,不同学科专业的研究思路和学科范式，必然引发研究题目和研究方法方面的争论，从而在项目式课程中的"提出研究问题"阶段，就促进跨学科、跨专业的学习交流。

《治国理政》融入学术英语课程教学设计，还在"文献综述"概念学习与"文献综述"写作、文献"结果与讨论"分析与"结果与讨论"写作等阶段，驱动对本专业英语学术文献的中心思想、重要细节、篇章结构、逻辑关系、体裁特点、语言特征、修辞手法、作者意图、文化差异等方面的分析与理解，而课堂展示、分享交流等任务设定，为进一步全面促进全班各个研究小组之间、部分混合专业研究小组内部跨学科、跨专业的学习交流提供机会。

《治国理政》融入学术英语课程的实践证明，课程思政不仅不会干扰课程自身的教学活动或减弱教学效果，相反还会深化教学内涵，提升教学效能。

（3）《治国理政》融入教学设计，提升国情意识和社会责任感，触动家国情怀。教育部在2020年发布的《高等学校课程思政建设指导纲要》要求深入梳理专业课教学内容，结合不同课程特点、思维方法和价值理念，深入挖掘课程思政元素，有机融入课程教学，达到润物无声的育人效果。

项目教学要求用英语完成学术研究项目，通过项目的实施和各项任务的完成，驱动英语学习，利用学科专业项目研究，实现大学英语在学业层面的"学以致用"。（项目式）学术英语课程的小组研究项目，以"问题导向"引发研究兴趣，用学科专业知识回答治国理政问题，在大学英语课程中实现学科专业层面的"学以致用"。（项目式）学术英语课程的小组研究项目，以《治国理政》为研究问题范围、以学科专业为研究方法和文献资料来源，以"社会关切"引导《治国理政》相关章节阅读，理论学习更加"接地气"。

《治国理政》学术英语课程各小组的研究问题，都直接针对国家治理和社会问题，通过课程项目研究，同学们"增强了国情意识和社会责任感"，表示应该将英语学习与"解决现实中的实际问题"相结合，应该与"国家政策"联系在一起，做到"知行合一"，发现"用英语来研究、评论国内时事，总有新的体会和感触"。不少同学表示"对自己的责任有了更为清楚的认识"，要"关注国情""关注社会""关心民生"。同学们发现自己的研究是"与治国理政息息相关"的，是"对社会有益"的，"学科研究与社会结合""与治国理政结合才能对社会有所贡献"，认为英语学习应该"与国情、事情、实情结合""结合社会实践才更有意义"。《治国理政》融入学术英语课程，触动学生家国情怀，同学们表示"在中国真好""更加热爱祖国"。《治国理政》融入项目教学过程，突破大学生的认识壁垒和情感障碍，以润物细无声的方式让大学生通过体验产生认同，通过辩论产生共鸣，通过内化触及灵魂。

学习英语的根本目的在于实际运用、真实交流，而学术英语课程更加强调在用中学，在学中用，用什么就学什么，怎么用就怎么学。学生反映高校思政教育最为普遍的一个问题就是理论与现实脱节，这就要求在课堂教学中要有意识地回应学生在学习、生活、社会交往和实践中所遇到的真实问题和困惑。思想教育所要影响的是学生的情感、价值观、认知模式和行为习惯等，关键在于与他们生活经验和现实境遇的契合。《治国理政》融入项目教学过程，顺应不同专业学生的学习需求、心理特征、成长规律和价值取向，满足求知需求，遵循成长规律，避免了附加式、标签式的生硬说教。项目式课程设计便于教师在现实问题解析中加强思想引导，从问题导向出发，将理论热点与学生关注点相结合，将我们想传递的思想与学生思想的困惑相结合，回应大学生关注的现实问题，触动大学生家国情怀，在知识传授中传递正确价值。

（4）《治国理政》项目教学提升思考能力，促进团队协作，提升努力程度，培养综合素质。

学生要把学习同思考、观察同思考、实践同思考紧密结合起来，保持对新事物的敏锐，学会用正确的立场、观点、方法分析问题，善于把握历史和时代的发展方向，善于把握社会生活的主流和支流、现象和本质，养成历史思维、辩证思维、系统思维、创新思维的习惯。语言学习和思维训练相互联系，是大学英语课程的鲜明特点之一。《治国理政》项目式课程实践，让学生体会到要多"从不同角度""全面""客观""严谨""辩证""逻辑严密"地看待问题，学会"更加注意事物背后的关联""尊重事实"，并且意识到许多时候"国内外其实面临同样的问题"，意识到"不同国家、地区的政策差异"是受"国情"和"政治形态"影响的，学会"换位思考"，更加认可"中国立场"。

在以项目为驱动的英语教学过程中，学生通过自主学习和团队学习，除了有效培养口、笔头沟通交际与陈述演示能力，还训练提出问题、分析问题与解决问题的能力，提升逻辑思辨与批判性思维的能力，培养自主学习和终身学习的意识与习惯，掌握自主学习方法与策略，提升设计、规划、管理与执行的能力，培育团队协作精神和协同能力，培养领导能力，全面提高综合素质。

课程培养了学生"团队协作精神和能力"，而且在认可各小组内部合作重要性的同时，还认识到"其他小组的汇报展示也是非常丰富的英语学习资料"，学会"在交流和思想碰撞的过程中拓宽自己的视野"。

项目的完成和课堂展示的准备均需要较多课外时间，有利于培养学生自主学习的习惯和能力。项目教学法充分利用有限的课堂时间，进行需要同伴配合、需要教师指导、示范、讲评、纠错等的活动，而课外时间安排相对灵活，主要用于阅读、写作、PPT 制作、发言准备等个人和小组活动。输入与输出相结合，理解与表达相结合，书面与口头相结合，课内与课外相结合，个人与群体相结合，以次实现个性化的自主学习。

不少同学反思其自身努力程度，意识到"任何科目都要认真对待""踏实务实是学习的第一要素""能否学好英语关键在于按照老师的要求认真完成所布置的任务"，应该注重"一点一滴的积累"，要有"学习热情"，要"勤奋"，要有"耐心"，要"保持学习英语的习惯""坚持不断学习"。

项目教学过程，是学生真实运用英语探索新知识、表达新思想的过程。学习者需要借助语言进行思维，同时通过发展高级思维推进、深化语言学习。运用非母语语言理解知识内容，不仅能使学生掌握知识和技能，还提升其思维水平，促进其认知发展。

《治国理政》融入学术英语课程教学设计，回应当代大学生学习、生活和社会实践中所遇到的真实问题和困惑，将英语学习与解决实际问题相结合，增强国情意识和社会责任感，促使学生全面、客观、辩证地分析问题，帮助学生通过自己的研究，更深刻地理解国家的路线、方针、政策，更深切地热爱祖国。《治国理政》促进大学英语、学科专业和课程思政三位一体深度融合、协同发展。教师教书育人，学生读书报国，将家国情怀和社会责任感踏踏实实地落实到学习上，是为最大之期盼。

（5）以形成性评价为主，终结性评价为辅进行教学评价。本课程采用形成性评价与终结性评价相结合的评价方式，形成性评价结果在期末总评成绩占比60%，终结性评价结果占比40%。形成性评价内容包括课堂表现、在线交流互动、任务和作业等项目，终结性评价的主要内容为小组研究项目期末报告。

（二）其他专门用途英语课程

"剑桥商务英语"课程旨在培养学生在真实商务环境下使用英语完成各项任务的能力，并以此为基础，拓展英语综合应用能力，提升批判思维能力，同时培养并强化学生的职业素养、职业道德和职业规范。课程内容涵盖主要商业话题介绍、商务技巧训练及语言规范培养，适合不同专业的学生修读，满足未来商务工作的需求。

课程教学的重点是引导学生正确得体地使用商务英语，关注商务交往中语言形式与内容的得体性。学生需学习与商务话题有关的词汇和知识，培养商务活动中的主要沟通技巧。具体的商务话题包括工作方式、公司概况、公司发展、公司福利、职业选择、职业发展、沟通交流、销售艺术、创办企业、产品广告、工作场所、员工培训、员工招聘、社会责任感、跨文化交际等。在提高学生商务技能方面，主要围绕商务活动中的沟通能力展开。学生需学习用英语进行社交、建立联系、用英语介绍公司、接听电话、求职招聘、分派工作、参加会议、写电子邮件和商务报告、探讨问题等。

"剑桥商务英语"课程以任务教学方法为主，结合课堂讲授和情境教学法，围绕每个单元的商业话题，设计课堂展示、案例分析、头脑风暴、问题解决等任务，以主题内容为依托，把传统听说读写等语言技能的训练融入各项任务。

课程每个单元的课堂教学都包含以下主要流程：

（1）完成阅读、练习、准备口语回答等课前预习任务；

（2）课堂学习阅读材料的重点和阅读题中的易错点，解释相关话题的商务英语词汇；

（3）讨论阅读文章和相关话题内容；

（4）商务英语听力练习；

（5）分组就单元商务话题指定题目进行一分钟讲述、提问、点评，课后进行书面总结；

（6）分组搜集资料，制作 PPT，运用学到的商务英语知识和技能，用英语介绍一个中国公司或产品，然后提问、互评、反馈等。

教育部在 2020 年发布的《指导纲要》要求"深化职业理想和职业道德教育。教育引导学生深刻理解并自觉实践各行业的职业精神和职业规范，增强职业责任感，培养遵纪守法、爱岗敬业、无私奉献、诚实守信、公道办事、开拓创新的职业品格和行为习惯"，课堂思政的元素可以不着痕迹地融入各个商务话题以及上述课堂活动（3）（4）（5）（6）中。

小组课堂展示要求学生介绍一个中国公司或产品，而搜集资料准备报告的过程，能引发学生的民族自豪感。之后的提问环节也包含着丰富的价值目标，比如称赞其他同学的报告内容是"包容"，提出不同观点是"思辨"，根据自己的疑惑进一步提问是"好学"，小组活动本身就是"团队合作"等。

商务话题融合思政元素并引导学生深刻思考的要素还有很多，比如，What are your considerations when looking for a job（找工作时你考虑了什么）？引发学生思考除了薪金、福利之外的培训与发展机会等职业理想问题；Imagine you are the advertising authority in your country.Write a code for advertisers in your country（想象一下你是你国家的广告主管。为你国家的广告商写一个代码），通过广告案例分析，启发学生反思现实生活中某些广告在法律、道德、伦理等方面存在的问题；Do you think it is ethical to lie about your qualifications on your CV（你认为在简历上谎报自己的资历合乎道德吗）？引导学生正视求职过程中的诚信问题；Is it ever right to walk out of a job without giving any notice（不事先通知就辞职是正确的吗）？和 What do you think are the qualities of a successful salesperson（你认为一个成功的销售人员的素质是什么）？等则引导学生关注职业规范、职业道德和职业精神，培养责任感。

教育部在 2020 年发布的《指导纲要》强调，要重点建设一批提高大学生思想道德修养、人文素质、科学精神、宪法法治意识、国家安全意识和认知能力的课程，注重在潜移默化中坚定学生理想信念、厚植爱国主义情怀、加强品德修养、增长知识见识、培养奋斗精神、提升学生综合素质，打造一批有特色的体育、美育类课程，帮助学生在体育锻炼中享受乐趣、增强体质、健全人格、锤炼意志，在美育教学中提升审美素养、陶冶情操、温润心灵，激发创造创新活力。

"体育赛事英语"课程是一门适应体育全球化发展需要的选修课。课程让热爱体育的学生掌握有关体育锻炼、各类体育比赛项目和奥运会等重要赛事的基础知识，拓宽国际视野，欣赏体育文化，帮助学生在学习英语技能的同时，更好地参加体育锻炼，领会体育精神，增强团队合作能力，提升民族自豪感和爱国主义精神。在体育赛事、体育研究、体育文化等国际交流活动日趋频繁的形势下，英语作为全球通用的语言，其课程还能为国家培养国际体育赛事志愿者后备力量。

"体育赛事英语"课程教学内容围绕多个体育项目展开，运用讲授法、多媒体教学法、指导发现法、合作学习法、讨论法、话题演讲法、实践教学法等方式，以文本学习为基础，配合图片、音频、视频材料学习和大量练习，学生预习、复习与老师讲解相结合，通过大量课堂互动以及作业任务，强化知识技能学习。课程还组织学生参加或观看体育赛事，参加体育志愿者活动和体育研讨会，并撰写书面记录和报告等。

"体育赛事英语"课程抓住课程思政融入体育特色话题内容的"点"，在讲解体育项目时，讨论并分析跟中国体育发展相关的内容，培养学生独立思考、分析问题的能力。

比如，中国的乒乓球项目为什么有优势？女排精神体现在哪里？华东师范大学为什么聘请奥运冠军做老师？中国的足球成绩为什么上不去？CBA与NBA相比有什么相同点和不同点？在我国如何普及和发展冰雪项目？武术和龙舟两个项目如何走向世界？中国申奥以及举办奥运会的情况等。

学生在完成各项小组活动的过程中，各组员互相沟通协调，确保各自分担的小组课堂展示等内容的各个部分流畅自然，成为有机整体。小组学习过程使得团队合作精神得到培养，能力得到锻炼。组长更是要承担起协调组员角色、分派任务的领导职责。

"剑桥商务英语""体育赛事英语"和"艺体类"大学英语课程均采用多元综合能力评估方式，即形成性评价与终结性评价相结合，在期末总评成绩中各占比50%。形成性评价内容包括课堂表现、作业、测验、小组课堂展示等项目。终结性评价为期末闭卷考试，或以小组为单位提交研究项目期末报告。

第二节　专门用途英语类课程思政教学设计案例

一、"(项目式)学术英语"课程

(一)案例一

"(项目式)学术英语"课程项目教学第一阶段——学习《治国理政》,提出研究方向。

1. 课程思政要点

(1)以社会关切引导《治国理政》学习,推进习近平新时代中国特色社会主义思想进课堂进头脑;

(2)启动用学科专业知识回答治国理政问题的研究项目,推动英语学习、学科专业和课程思政三位一体协调发展。

2. 教学重难点

(项目式)学术英语课程引导学生用英语完成学术研究项目,项目教学包含:(1)学习《治国理政》,提出研究方向;(2)提出研究问题,确定研究方法;(3)阅读相关文献,学习"文献综述";(4)参加开题答辩,撰写文献综述;(5)实践学术写作,完成研究报告;(6)汇报研究成果,交流思政体会等若干阶段。

第一阶段在英语学习方面的重难点包括:(1)依靠项目的实施和各项任务的完成,"以用促学",驱动英语学习;(2)通过学科专业项目研究,实现大学英语在学业层面的"学以致用";(3)为保证英语学习的语言输入足够地道,要求学生阅读分析的文献作者为英语本族语者;(4)要求学生尝试完成课堂展示和同伴互评反馈任务,理解并掌握这些课堂活动的任务要求与评价标准。

在学科专业发展方面:(1)项目教学以"问题导向"引发学生研究兴趣,鼓励学生用学科专业知识回答治国理政问题,在大学英语课程中实现学科专业的"学以致用";(2)为确保学科专业知识内容足够权威,要求文献来源为核心期刊和或权威专著;(3)有关"提出研究方向"的任务,驱动学生阅读真实英语学术文献资料,"以用促学",掌握与学术研究有关的"研究问题"的概念。

在课程思政方面：(1) 项目教学以"社会关切"引导《治国理政》相关章节阅读，使得理论学习更加"接地气"；(2) 在此基础上，引导学生在确定项目研究方向和选题范围时将个人专业背景、研究兴趣与新时代的中国相结合，把《治国理政》学习与学科专业相结合，用学术研究项目回答治国理政问题，用英语完成学术研究项目，实现大学英语、学科专业和课程思政三位一体协同发展。

3. 教学内容、过程与方法

项目教学第一阶段包含若干讲。第一讲除了帮助学生理解本课程的性质和教学目标、项目教学概念、流程和教学内容、教学理念和教学方法等要素外，还特别要求全体同学认真学习《治国理政》"不忘初心"主题文章"Stay True to Our Original Aspiration and Continue Marching Forward"（不忘初心，继续前进），理解其所阐述的总体目标要求和相关路线、方针、政策。具体作业要求包括摘录反映文章重要内容的"金句"，并在《治国理政》中文版中找到对应的原文等，还鼓励学有余力的学生思考并在作业中讨论中英文对照阅读过程中发现的文化差异和翻译策略问题。

学生根据对"治国理政"各个方面的具体关切和研究兴趣，结合自身专业背景，组成研究小组。然后分头检索、甄别、收集、整理并阅读与项目选题相关的英语学术文献资料，为项目选题和研究设计提供思路和借鉴，并在此基础上展开小组讨论，初步提出结合个人专业背景和研究兴趣的关于新时代中国的项目研究方向。

课程充分利用学校线上教学平台的讨论板功能，创建论坛，开设话题，鼓励学生交流互动。第一讲的课后交流互动任务，是分享交流自己的社会关切、学科专业背景、研究兴趣、《治国理政》学习与项目选题范围方向选择等方面的体会。学生在平台参与交流互动的情况，是形成性评价依据之一。

第二讲的课前任务，是以小组为单位准备课堂展示，阐述其所学习《治国理政》相关章节的主要内容，并介绍其对于小组项目选题的指导作用。教师在此基础上组织小组和全班讨论、教师点评、互评反馈等课堂活动。学生课后继续学习《治国理政》相关章节，讨论并确定结合个人专业背景和研究兴趣的关于新时代中国的选题范围，同时检索、甄别、收集、整理并阅读与项目选题相关的英语学术文献资料，为项目选题和研究设计提供思路和借鉴。实际需要提交的作业内容为《治国理政》中与项目选题相关的一篇文章的英文提纲，要求不仅包含列表形式的提纲，还要找出反映主要思想内容的关键词句。这项作业也作为后续项目教学过程中持续进行的文献阅读分析能力训练的开端。

与此讲配合的交流互动任务为交流上一讲课后作业内容，即《治国理政》"不忘初心"主题文章金句的中英文对照，部分学生还讨论了文化及翻译表述方面的差异。因为这篇文章是统揽全局的纲领性文件，虽然篇幅较长，但比较适合所有项目小组、全体同学参与讨论。

从第三讲开始，小组准备课堂展示、讨论、点评、互评反馈等活动成为课堂教学"惯例"，因为活动内容和形式与此前相关活动类似，又有线上交流互动"加持"，为培养学生自主学习习惯和能力，此讲及以后某几讲的此类课堂活动，可以考虑采用线上自主学习加网络交流互动的方式。课后作业除继续学习《治国理政》中与项目选题相关的文章外，另一项重要内容是阅读若干篇与自己小组项目研究相关的英语学术论文，指出每篇论文的"研究问题"。作为与之配套的交流互动任务，要求各小组提供与其研究项目相关的学科专业领域若干核心或权威英语学术期刊的名称，并提供相关依据。

4. 教学成效与反思

各个小组不同的社会关切和研究兴趣，驱动其阅读《治国理政》不同章节的内容，指导其讨论并确定项目研究方向。课堂展示等输出性、表达性任务，驱动学生更加认真仔细地阅读、理解、分析《治国理政》相关文章内容，更加有针对性地思考、梳理《治国理政》对于小组项目研究的指导意义。针对《治国理政》相关文章主要内容及其对于社会关切、研究兴趣、学科专业、项目研究等要素的统领作用的课堂展示讨论、点评、互评反馈、线上论坛话题交流互动等活动设计，保证全班同学既能各自相对仔细地学习《治国理政》与其研究问题直接相关的章节，又有机会较为全面地了解《治国理政》整书的基本框架和各篇文章的主要内容。课程对于《治国理政》相关文章阅读、理解、分析的任务要求，驱动学生认真学习理论，了解党的大政方针和路线策略，正确把握《治国理政》对于课程项目研究的统领和指导作用。课程虽然并不满足于阅读、翻译等传统外语课的做法，但也非常强调阅读、理解、分析《治国理政》，保证基础扎实、方向牢靠，因为如若缺乏仔细阅读、深刻理解，以"社会关切"引导《治国理政》学习，以"问题导向"引发研究兴趣，在选题时将个人学科专业、研究兴趣与新时代的中国相结合的设计初衷，就无从谈起。在项目教学第一阶段学习《治国理政》的任务要求，也会在课程临近结束时得到呼应，即学生在完成小组项目研究后，再次学习《治国理政》，回顾用英语完成学术研究项目，用学术研究项目回答治国理政问题的过程体验，感受国情意识和社会责任感的提升，更加由衷体会《治国理政》的全局性、系统性、前瞻性、先进性、科学性、现代性、世界性，更加认可大学英语、学科专业与课程思政三位一体协同发展的实现路径。

应该充分利用在线学习平台的功能优势，设计合理有效的任务，让学生参与交流互动，延伸课堂空间，尤其是合作学习的空间，以便于选课制产生的混合专业班级里来自不同院系专业的同学，通过交流讨论，发现社会关切和研究兴趣的共同点，组成项目研究小组。应该鼓励同学在自主学习的基础上，尤其是独立完成作业任务的基础上，分享学习成果，交流学习心得，相互学习，相互借鉴，相互启发，共同进步。比如，全班同学相互了解不同学科专业权威核心期刊的相关情况，非常有利于促进班级和各小组成员之间跨学科、跨专业的学习交流。而且，因为有线上交流互动"分享"环节的存在，给原本独立完成、从而比较个人化的课后作业添加了公开曝光的压力，可能无意中成为提高作业完成质量的一个因素。这要求学生参与平台讨论板论坛话题交流互动，教师也应该制订详细的发言规则和形成性评价标准，促进同学在交流时更加认真深入思考，更加精心组织语言，提升交流效果和讨论效率。

（二）案例二

"（项目式）学术英语"课程项目教学第四阶段——"参加开题答辩，撰写文献综述"。

1. 课程思政要点

（1）用英语交流《治国理政》研究项目的背景、意义、理论支持、相关研究等，推动英语学习、学科专业和课程思政三位一体协调发展；

（2）用英语交流《治国理政》对于项目研究的指导意义，推进习近平新时代中国特色社会主义思想进课堂进头脑。

2. 教学重难点

项目教学进行到此阶段，大学英语、学科专业、课程思政的教学目标和教学内容已经深度融合。主要活动是各小组交流研究项目的背景、意义、目的、理论支持、相关研究、研究方法、步骤等，全班通过讨论、点评、互评反馈、线上交流互动等，帮助各小组确定研究问题和研究方法，改进课程项目研究报告/期末论文的引言，尤其是文献综述部分的结构和逻辑。如果班级规模较大，各小组课堂展示可以分批进行，教学重难点梯次呈现。比如，第一批小组课堂展示时，侧重通过实际任务活动，暴露是否掌握"研究问题"的各项功能、引言的"篇章结构"和"语步（和/或语阶）"，尤其是"文献综述"部分各项功能等上半学期重难点的问题，而在第二批小组交流时，主要侧重在暴露问题后分析问题，待到最后一批小组汇报时，应该可以期待全体学生逐步掌握在暴露问题、分析问题后解决问题的能力。

3. 教学内容、过程与方法

这一阶段的课前任务都是以小组为单位准备课堂展示，阐述小组研究项目的背景、意义、目的、理论支持、相关研究、研究方法、步骤等；课堂活动都是针对课堂展示所进行的讨论、点评、互评反馈、线上交流互动等；课后作业则都是修改小组项目研究报告的引言（含"文献综述"）部分，因规模较大而期中汇报必须分批进行的班级，还有意外收获，即多次修改、多次提交作业的机会。

为方便学生反馈时参照，教师可以设计"Mid-term Proposal Mark Sheet"（中期建议书评分表）打分表，请同学们对首批若干小组项目研究的"Mid-term Proposal"（中期建议书）课堂展示打分点评。打分表覆盖上半学期主要教学重难点内容，如小组项目研究的"研究问题"是否和/或如何体现"Definition, Boundaries, Directions, Assessment（定义、边界、方向、评估）"等各项功能，其"篇章结构"是否符合"倒三角形或倒金字塔"结构，其主要"语步和/或具体语阶"，尤其是"文献综述"部分是否实现各项功能等。打分表特别包含有关研究项目是否回应社会关切、是否用《治国理政》理论指导学术研究等要素。

交流互动应该体现思维和能力上的进步趋势,在针对第二批小组期中汇报课堂展示反馈时,可以不再打分,而是试图指出其优点和暂时还存在的问题与缺陷。而后续如果还有第三批小组的期中汇报需要交流,学生自主学习能力应该足以应付纯线上形式的同伴互评反馈任务。

4. 教学成效与反思

项目教学非常强调交流互动,学生积极参与讨论、打分、点评、反馈,气氛很热烈,表现很专业。每个学生都参与执行期中汇报课堂展示的各项任务,又参与对其他小组项目研究期中汇报的讨论、点评反馈,还学习教师和其他同学对自己小组任务完成情况的点评反馈,以用促学,相互学习,共同提高。请学生们打分并互评的真正目的,其实是帮助熟悉评分标准,在撰写自己小组项目研究论文的引言部分时,掌握正确的结构和语步语阶。打分只是手段与形式,需要掌握的核心内容是点评的"依据"。而对别人任务完成情况的点评,同时也提示学生修改自己小组汇报材料的必要性,领会修改的角度、思路和方法。用于期中汇报的PPT,主要包含各小组项目研究论文引言部分的提纲,发现结构和语步语阶存在的问题后,修改起来相对比较方便。针对期中汇报的讨论和反馈,帮助学生确定研究问题、研究方法、理论框架等要素,帮助确定引言的结构和语步语阶,避免正式撰写完整引言时走弯路。教学实践表明,期中汇报课堂展示如果分批进行,经过"暴露问题"和"分析问题"的"洗礼",后续小组的成果虽然仍然不可避免存在一些问题,但已经很少有整体性的或根本性的严重问题。同时,经过不断训练、学习、消化、进步,学生的点评反馈更加专业,更加成熟、老练,不仅切中要害,而且直言不讳,这有益于共同进步。

教师的示范点评和讨论引导,尤其应该突出以"社会关切"引导《治国理政》学习,以"问题导向"引发研究兴趣,在选题时将个人学科专业、研究兴趣与新时代的中国相结合的项目式学术英语课程思政教学设计初衷,即要求学生讨论《治国理政》对于小组项目研究的指导意义,展望用英语完成学术研究项目,用学术研究项目回答治国理政问题,体现大学英语、学科专业、课程思政三位一体协同发展的前景。此外,课堂点评与讨论活动,可能会因为诸如时间不够而只能请一两位同学发表意见或外语学习焦虑、负面反馈顾虑、性格内向等原因而参与度不够，教师不妨增添线上平台交流互动与课堂讨论同步的设计，保证每个同学都认真思考评价标准，每个同学都有机会发表自己的思考结果。而且，教师应该参与各种形式的交流互动，尤其要帮助指出多数学生暂无能力自主发现的问题和缺陷，提出改进意见和建议。教师的参与，为学生掌握分析、反馈的方法提供了示范，并借此机会复习巩固前几个阶段所学习重难点内容。教师提供示范样板，也有助于督促后续其他小组抓紧修改完善各自的汇报材料。

（三）案例三

"（项目式）学术英语"课程项目教学第六阶段——"汇报研究成果，交流思政体会"。

1. 课程思政要点

（1）用英语汇报《治国理政》项目研究成果，推动英语学习、学科专业和课程思政三位一体协调发展；

（2）用英语交流英语学习、学科专业和课程思政三位一体协同发展的体会。

2. 教学重难点

项目教学最后一个阶段包括汇报研究成果的"期末答辩"和以交流大学英语、学科专业、课程思政三位一体协同发展体会为主要内容的"期末总结"。各小组汇报交流研究项目的实施、结果、数据、分析、讨论、结论等内容，全班对此进行讨论、点评、互评反馈、线上交流互动等活动，各小组最终写出符合学术规范的英语学术论文。交流课程思政方面的体会，则继续彻底贯彻"以能力为目标、以应用为导向"的教学理念，用口语表达交流的方式，检测学生是否能用英语讲好新时代的中国故事；是否能用英语讲好以"社会关切"引导《治国理政》学习、以"问题导向"引发研究兴趣、在选题时将个人专业背景和研究兴趣与新时代的中国相结合、提升国情意识和社会责任、感触动家国情怀的心路历程；是否能用英语交流分享用英语完成学术研究项目、用学术研究项目回答治国理政问题、实现大学英语与学科专业学习和课程思政建设三位一体协同发展的经验与体会；是否能用英语回顾、总结提出并分析与解决问题的能力、逻辑思辨与批判性思维的能力、自主学习和终身学习的意识与策略、设计规划管理与执行的能力、团队协作精神和协同能力、领导能力等综合素质培养与实践方面的情况。

3. 教学内容、过程与方法

期末汇报课的课前任务，是以小组为单位准备课堂展示，阐述其研究项目的实施、结果数据、分析、讨论、结论等。课堂活动包括讨论、点评、互评反馈等，要求分析各小组的研究报告的"研究问题"是否合理，是否体现各项功能；"引言"的"篇章结构"是否符合"倒三角形或倒金字塔"结构；"引言"的"语步"和/或"语阶"，尤其是"文献综述"部分，是否实现各项功能；在报告"结果"和"讨论"时，是否实现其"结构"以及"语步"和/或"语阶"；在描述"图表"时是否体现各项特征；在报告"结果"和"讨论"时是否体现各项特征；在学术语言风格方面是否体现各项特征等。有条件的情况下，线上交流互动可以与课堂活动同步开展，也可以请各小组成员课外线上自评小组项目研究报告。课后作业为在课堂师生互评反馈的基础上修改自己小组项目研究报告/期末论文和为课堂展示准备的期末答辩汇报 PPT。

整个课程的最后一讲是期末总结，主要教学设计为交流思政方面的体会，要求回顾、总结、交流以"社会关切"引导《治国理政》学习，以"问题导向"引发研究兴趣，在选题时将个人专业背景、研究兴趣与新时代的中国相结合，提升国情意识和社会责任感，触动家国情怀；回顾、总结、交流用英语完成学术研究项目，用学术研究项目回答治国理政问题，实现大学英语、学科专业、课程思政三位一体、协同发展的经验与体会；回顾、总结、交流综合素质培养与实践情况等。学生在课堂讨论交流的基础上，撰写短文作为课后作业，用英语书面表达上述体会和交流成果。特别要求各学科专业学生在短文中讨论以下内容。

文、史、哲专业。掌握马克思主义世界观和方法论，从历史与现实、理论与实践等维度深刻理解习近平新时代中国特色社会主义思想；结合专业知识，深刻理解社会主义核心价值观；自觉弘扬中华优秀传统文化、革命文化、社会主义先进文化。

经济、管理、法学类专业。了解相关专业和行业领域的国家战略、法律法规和相关政策；深入社会实践、关注现实问题；培育经世济民、诚信服务、德法兼修的职业素养；坚持以马克思主义为指导，加快构建中国特色哲学社会科学学科体系、学术体系、话语体系。

教育学类专业。树立学为人师、行为世范的职业理想；培育爱国守法、规范从教的职业操守；培养传道情怀、授业底蕴、解惑能力，把对家国的爱、对教育的爱、对学生的爱融为一体，自觉以德立身、以德立学、以德施教，争做有理想信念、有道德情操、有扎实学识、有仁爱之心的"四有"好老师，坚定不移走中国特色社会主义教育发展道路。

体育类专业。树立健康第一的教育理念；注重爱国主义教育和传统文化教育；培养顽强拼搏、奋斗有我的信念；激发提升全民族身体素质的责任感。

理工类专业。提高正确认识问题、分析问题和解决问题的能力，注重科学思维方法的训练和科学伦理的教育；培养探索未知、追求真理、勇攀科学高峰的责任感和使命感；注重强化工程伦理教育，培养精益求精的大国工匠精神；激发科技报国的家国情怀和使命担当。

农学类专业。树立和践行绿水青山就是金山银山的理念；培养"大国三农"情怀，以强农兴农为己任，"懂农业、爱农村、爱农民"；树立把论文写在祖国大地上的意识和信念，增强服务农业农村现代化、服务乡村全面振兴的使命感和责任感，培养知农爱农创新人才。

4. 教学成效与反思

经过一个学期的学习训练，学生普遍掌握、提高了学术英语与跨文化口头交流能力，在课程思政方面，用英语完成学术研究项目，用学术研究项目回答治国理政问题，提升国情意识和社会责任感，触动家国情怀等方面，实现大学英语、学科专业、课程思政三位一体协同发展的体会，用英语进行口头交流；在学术英语方面，表现为能够运用合适的展示策略与技巧，利用多媒体展示技术，对小组研究项目的实施、结果、数据、分析、讨论、结论等，用英语进行口头描述、说明、解释、论证和评析，能够在理解其他同学课堂展示等英语口笔语产出成果的中心思想、重要细节、篇章结构、逻辑关系和作者意图的基础上，用英语提出思辨性的问题，并针对其他同学的课堂展示在内容组织与阐述、展示策略与技巧、语言运用、多媒体展示技术、非语言交流等方面，用英语进行描述性反馈，不少还能够发现并纠正其他同学口笔语产出成果中较为典型、严重或明显的语言错误。

除了口头交流，期末总结时撰写短文的任务，还与课程项目进程开始阶段的《治国理政》学习相呼应，回顾、总结大学英语、学科专业、课程思政三位一体协同发展的课程学习体会，引导学生更加深刻理解自己所学专业与《治国理政》的结合点，更加深刻领会《治国理政》的全局性、系统性、前瞻性、先进性、科学性、现代性、世界性，更加深刻体会新时代中国学子的使命担当。

（项目式）学术英语课程要求学生掌握论文篇章结构、逻辑关系、修辞手法和体裁特征，能够写出一定篇幅的、符合学术规范的英语学术论文，但课程教学设计的主要思路，是用期末论文和课堂展示等各项产出性、表达性任务，"以写促读""以说促读"，驱动学生仔细阅读学术文献，在理解其内容的基础上，关注并分析其各个部分的结构、逻辑、语步，并初步意识到其体裁风格在遣词造句方面的表现。所以，课程的主要目标定位于文献"阅读"层面，而在学术论文"写作"层面，以"体验""尝试"为主，是用写作任务驱动阅读，写作教学目标主要在于克服心理障碍，培养学术英语"写作自信"，但并不强求写作成果的质量高度。总之，本课程以文献阅读为主，学习掌握研究问题、研究方法、文献综述等基本概念，通过分析文献的引言、结果与讨论、结论等各个部分的结构、语步、语阶，学会"读"论文，并且通过体验尝试"写"论文，在完成课程后"认为"自己"会写论文"了，尽管多数学生其实还远未达到"写好"论文的水平。"学术英语系列课程"还有"科学论文写作"作为后续课程，以"写作"为主要目标，为"会写论文"的学生"写好"论文，提供进步历练的机会。理想状态应该是先学习"（项目式）学术英语"，再继续学习"科学论文写作"，但学生也可以根据不同的需求，作出不同的选择，比如部分学生可能止步于修读"（项目式）学术英语"后会"读"论文、"会写"论文，也有部分能力水平高的学生，则可以跳过本课程，直接选择"科学论文写作"这样真正意义上以学术写作为教学目标的课程。

二、"剑桥商务英语"课程

下文以"沟通"单元为案例，对"剑桥商务英语"课程展开实践论述。

（一）课程思政要点

（1）用英语学习商务环境跨文化交际知识，为在未来中外交流时展现良好形象做好准备；

（2）用英语交流未来职业规划，激发刻苦学习、努力成才的志愿。

（二）教学重难点

剑桥商务英语课程选用教材的每个单元都包含商务话题和商务技能模块，选修商务英语课程的学生虽有一定英语基础，但没有任何商务或职场工作经验，有的甚至自身专业也与商务没有关系，所以课程的重点是要培养学生在商务环境中正确理解并恰当使用英语进行跨文化交际的能力。商务英语课程的课堂教学偏重于听说训练，而开口说英语对于不少中国学生来说有心理负担和能力限制，所以教师面临激发学生兴趣、帮助树立信心、提高课堂参与度、改变被动学习方式等挑战。课堂教学中除了提高学生商务英语听说读写能力，还要依托商务主题融入思政元素，寓价值观引导于知识传授和能力培养之中，为国家培养"英语＋商务"的复合型人才。

（三）教学内容、过程与方法

课前预习任务包括完成"Job Responsibilities（岗位描述）"英语表达搭配练习、"Life's all about making connections（生活就是建立联系）"阅读练习、思考问题"Do you think networking is an important part of many jobs（你认为人际网络是许多工作的重要组成部分吗）？"和为自己设计一个（毕业五年后的工作）身份并根据样板制作（包含中英对照的姓名、职衔、公司名称及联系方式等）名片、准备参与课堂模拟社交活动等。

课堂活动除"导入"阅读材料讲解、听力练习外，一项重要内容是分组讨论"What do you think are good and bad topics for networking（你认为建立人际关系的好话题和坏话题是什么）？"讨论的目的在于提高学生的跨文化交际能力，培养商务环境人文素养以及对中西方文化差异的敏感性。通过课堂讨论和总结反馈，学生了解到在试图与商务伙伴通过交谈建立良好的关系时，哪些属于安全话题范畴，哪些可能会引起不快，应该尽量避免。

另一项受学生欢迎的课堂活动是模拟毕业五年后的校友联谊会。学生运用预习的词语搭配以及听力材料中的句型语料，模拟社交场合的口语活动，如四处走动，按照课本设计的交谈流程与不同的人交谈并互相交换名片，寻找潜在的商务合作伙伴等。选修课班级多数学生互不认识，模拟社交场合活动既可以引起学生对商务英语的学习兴趣，又能鼓励学生克服羞怯心理，学习开口用英语与人交际。另外，设计名片环节，也能促使学生畅想未来，提前规划自己的职业道路。

课后作业为完成配套练习册相关章节练习，巩固用英语描述自己工作职责以及与商务伙伴社交时的口语用语，并要求完成下一单元的预习任务。

（四）教学成效与反思

商务英语课程实用有效，学生既能够学习商务知识和商务英语术语，又提升在商务环境下进行电话、陈述、公司或产品介绍、商务邮件和报告等活动的实际表达能力。思政元素与各种课堂活动的有机结合，还增强了学生的自信心，培养多维度、思辨地看待问题、解决问题的能力。

课程需要进一步探索如何在课堂教学环境下，培养学生积极向上的态度，尤其是职业精神和职业道德，增强工作与社会责任感，以健康的心态应对将来的职场挑战，努力成为国家建设的栋梁。

三、"体育赛事英语"课程

下文以"武术"单元为案例，对"体育赛事英语"课程展开实践论述。

（一）课程思政要点

（1）用英语学习中华传统体育文化知识，提升民族认同和文化自信；

（2）提升专门用途英语能力，为用英语传播中华传统体育文化作准备。

（二）教学重难点

课程内容涵盖体育运动项目介绍、体育锻炼与奥运基本知识等部分，让学生掌握一定的体育专业英语知识，提高在体育专业领域实际运用英语的能力，拓宽国际视野，培养良好的意志品质，在参与国际交流的同时，更好地用英语传播中华传统体育文化。本单元的重点教学内容是竞技武术运动。

（三）教学内容、过程与方法

教学活动包括教师讲解、课前课后阅读、任务型活动、模拟情景口语训练、课堂讨论、以小组为单位进行的课堂展示等。教学过程以文本学习为基础，配合图片信息和音视频材料输入，进行大量课堂互动与作业练习，帮助学生掌握重点语言知识，提升实际运用能力。

在学习武术起源时，要关注汉字"武"的由来及其"止""戈"的含义，强调中华传统文化对于武术强身健体的认识以及对和平的追求；介绍梳理国际武术联合会（IWUF）的成立历程时，要强调它对于中国武术发展的重要性；学习有关武术散打项目知识时，要与跆拳道项目作比较，分析中国武术对韩国跆拳道的影响；讲述武术比赛规则时，要强调体育和武术礼仪的重要性；学习有关武术术语时，要强调太极拳套路名词中如野马分鬃、揽雀尾、云手等中华形意文化，引发学生对中国传统文化精髓的兴趣和学习热情。

课后作业主要包括阅读练习和对中外大学体育专业课程设置比较等研究性实践活动。

（四）教学成效与反思

教学过程较多依赖团队协作和合作学习，有利于培养团队合作精神和组织协调能力。课程还邀请参加志愿者活动的同学谈亲身感受和体会，交流对于爱国奉献精神的认识。

课程总体难度控制得当，知识性较强，体育类学生满意度较高，不但拓宽了他们的国际视野，还增强了英语应用能力，对未来就业有一定的帮助。但对英语语言能力基础较强的学生，课程的难度还可进一步提高。

四、"艺体类"大学英语课程

以"美术英语"课程"中国传统绘画"单元为案例。

(一)课程思政要点

(1)用英语学习体会中国传统书画之美及中华优秀传统文化的深厚底蕴,提升民族认同和文化自信;

(2)用英语比较中西美术异同,提升传播中国特色美学理念的意愿和能力。

(二)教学重难点

与前文讨论的向所有专业学生开放选修的"体育赛事英语"等课程不同,"艺体类"大学英语课程中的"体育英语"和"美术英语"等课程,是专门为体育和美术等专业学生开设的必修课程(先修课程为预备级通用英语课程)。体育、音乐、美术、艺术设计及播音主持等艺体类专业特长生的未来职业方向与所学专业契合度较高,但英语基础普遍较薄弱。"艺体类"大学英语课程强调以教育学和学习科学理论为指导,以学生为中心,贯彻先进教学理念,将思政教育融于教学全过程,明确包含价值引领、知识、能力、综合素质等具体的教学目标,在教学内容中提炼蕴含的思政育人因素,并确保组织与编排符合学生的认知规律。

"美术英语"课程为美术专业二年级本科生开设,内容主要涵盖美术各门类概述、相关艺术家介绍、艺术创作过程的描述、艺术理念的阐释以及艺术欣赏基本原则介绍等。要求学生能完成与美术相关的简短英语材料的输入和输出任务,基本熟悉美术相关交际场合的流程与英语表述套路,并将爱国主义、理想主义以及对艺术的执着追求精神,有机融入相关专业语言学习。

本讲重点是中国传统绘画之美及其背后中华文化的深厚底蕴,引导学生独立思考一些问题,比如与我们的传统绘画相比西方绘画有着怎样的优势?中国书法之美主要体现在哪些方面?如何培养我国的世界艺术大师?中国博大精深的传统文化对于美术的影响主要体现在哪些方面等,以此激发学生对中华文化及其相应的灿烂艺术成就的自豪感,通过比较中西美术的异同,提升传播中国特色美学理念的意愿和能力。课堂教学还利用合作完成报告等机会,培养学生团队合作精神。

（三）教学内容、过程与方法

在讲述中国传统美术相关知识内容时，特别选取"士大夫"作画主题及相关文化，让学生充分认识写意而非写实取向的由来，了解中国古代的文人风骨；在比较中西美术"写意"与"写实"取向的差异时，通过毕加索对齐白石的推崇等例证，纠正学生的一些如中国画不懂透视、中国画家不重视写实功底培养等错误的观念，帮助树立对于中国传统艺术的自豪感；讲述"书画同源"概念的时候，与西方字母文字作比较，分析汉字之美以及书法中蕴含的画面与线条之美，加深学生对于汉字的独特性与中国书法的独特审美趣味的理解。

在有关术语学习方面，需要强调中国书法术语的独特性，其中的点划、结体及其蕴含的书写要领，均有非常中国化的规范表达方式，无法在西方书写文化中找到对等或类似的表达，需要细心教授，反复操练。

美术英语课程作业多取开放式，要求学生独立思考的同时进行团队合作，对于那些也许没有标准答案的问题，给出自己基于阅读积累的独特思考，从而培养出属于自身的特色审美趣味。

（四）教学成效与反思

经过一学年的美术英语学习，学生在教师的带领下，通过知识输入、资源利用、思维拓展以及课堂展示等方式，基本达到教学目标设定的能力培养预期，即通过美术各门类概述、相关艺术家介绍、艺术创作过程的描述、艺术理念的阐释以及艺术欣赏基本原则介绍等，熟悉美术专业相关的诸多主题与应用场景，加强美术专业基本知识的掌握，拓宽国际视野，同时培养了与基本专业知识相对应的英语理解与表述能力。在美术专业专门用途英语能力养成过程中，通过东西美学理念、绘画技法及其背后折射出的哲学意蕴与传统文化的对比，有机融入了爱国主义理想主义以及对艺术的执着追求精神的理念灌输，有效达成了思政教育的目标。

由于艺术专业学生文化基础较薄弱的现状一时难以有质的改变，其英语语言能力和学习兴趣都较弱，专用英语课程在教学设计初衷、对学生学习动力与积极性的预判方面，和课堂教学的实际情况尚有一定距离。因此，教学内容与策略的改进，应更为契合艺体专业学生的特殊学习需求和能力水平。与此同时，思政教学如何更好嵌入专用英语教学，使两者形成最完美的融合，这方面的经验和操作也有待进一步的总结和优化。我们体会到，一方面思政教育应力求顺其自然和润物无声，避免刻意、生硬；另一方面，思政内容融入专业教学，也没有必要过分追求隐性，而应通过恰当的教学设计，保证课程思政教学成效可观察、可检测。

第六章　跨文化教育英语类课程思政建设与课堂教学实践

本章主要论述跨文化教育英语类课程思政建设与课堂教学实践，详细介绍了跨文化教育英语类课程思政教学目标、策略与评价以及跨文化教育英语类课程思政教学设计案例。

第一节　跨文化教育英语类课程思政教学目标、策略与评价

一、教学目标

（一）"英语国家文学"课程

"英语国家文学"系列课程选择文学名家或新星兼具思想性、文学性的代表作，将文本阅读与文学知识学习有机结合，提升学生的文学鉴赏水平以及跨文化理解的能力。系列课程通过演讲、讨论和课程论文等方式引导学生参与作品思想解读，在体验英语文学的同时，敏锐地感悟人生，积极地思考社会问题，"始于愉悦，终于智慧"，培养人文精神和批判性思维能力，提升自我，培养正确的世界观、人生观和价值观。"英语国家文学"系列课程思政建设与教学实践，以"英语短篇小说赏析""英语女作家作品选读"以及"英语诗歌理论与鉴赏"等为例加以阐述。

通过"英语短篇小说赏析"课程的学习，学生应当能够：

（1）了解小说元素，掌握理解和欣赏小说的路径；

（2）了解文本的作者简介及写作背景；

（3）对比同主题或同写作风格的文本；

（4）运用准确、清晰、复杂的书面英文总结小说情节概要；

（5）针对文本故事内容写出有逻辑、有观点、有引用的论文，评述作家及其作品；

（6）了解社会主义核心价值观，从政治认同、家国情怀、文化素养、法治意识、道德修养等不同层面评述作家和作品。

通过"英语女作家作品选读"课程的学习，学生应当能够：

（1）了解小说元素，掌握理解和欣赏小说的路径；

（2）了解英语女性文学传统的变化，掌握女性写作的特征；

（3）了解女性主义运动的历程，掌握女性主义文学批评方法；

（4）运用准确、清晰、复杂的书面英文总结小说情节概要；

（5）运用女性主义的视角陈述自己的观点；

（6）针对文本故事内容写出有逻辑、有观点、有引用的论文，从女性主义的角度评述作家及其作品；

（7）了解社会主义核心价值观，从政治认同、家国情怀、文化素养、法治意识、道德修养等不同层面评述作家和作品。

通过"英语诗歌理论与鉴赏"课程的学习，学生应当能够：

（1）结合不同时代背景，批评性地认识和分析诗歌作品，形成独立理解和鉴赏英语诗歌的能力；

（2）了解各个时期英语国家的重要代表性诗人和诗歌作品；

（3）了解英语诗歌中的头韵、尾韵、象征、意象等修辞手段；

（4）翻译和仿写某些风格的英语诗歌；

（5）客观、辩证、批判性地表达对诗人、诗歌作品及其所处时代的社会、经济、文化等话题内容的看法，展现正确的人生观、价值观和世界观。

（二）"英语国家社会与文化"课程

语言作为文化的载体和传播媒介，是文化的外在表现形式，因此语言教学与文化教学密不可分。"英语国家社会与文化"系列课程将内容与语言作为双重教学目标，既为学生介绍英语国家地理、政治种族、移民、教育、经济、家庭等不同社会文化内容，又引导学生通过文本阅读和分析，掌握语言知识，提高在相关场景和话题交流中的语言应用能力。系列课程将思政元素与英语教学相融合，注重发挥跨文化交流的感染力和渗透力，引导学生在对社会问题的思考和讨论中，澄清价值观念，建立文化自信，在培养英语读写能力的同时，提升信息收集能力、综合分析能力和学术思辨能力，正确认识西方文化理念和价值观，综合对比中外政治制度和价值理念，辩证审视东西方共性和差异，将思政理论通过文化传播与认知的过程，渗入立德树人意识。"英语国家社会与文化"系列课程思政建设与教学实践，以"美国社会与文化""英国社会与文化""澳大利亚社会与文化"以及"英美文化体验"等为例加以阐述。

1. 知识性目标

掌握英语国家的历史、社会、经济、政治、科技和教育等方面的基础知识，认识语言、思维和文化三者之间的辩证关系和密切联系；厘清英语国家社会与文化的形成与发展脉络，能辩证审视英语国家特质文化理念和价值观，正确认识和理解西方现代文明的本质；提高对文化差异的敏感性、宽容性和处理文化差异的灵活性。

2. 英语阅读能力

能够理解介绍和讨论英语国家社会与文化的相关文章，能够分析阅读材料的中心思想、重要细节、篇章结构、逻辑关系、修辞手法、题材特征、作者意图及文化差异等；了解各类文化研究的范式，理解情境和语境对文化研究的重大意义；掌握文化研究的各种方法，学会使用不同的文化研究方法开展小型学术项目研究；掌握英语学术文献检索、筛选和整理的方法。

3. 学术英语写作能力

能够以"语言—文化—社会"关系为主线，通过文化信息搜索和思辨任务引发研究兴趣，在选题时将个人研究兴趣与英语国家相关社会与文化话题相结合，使用不同的文化研究方法开展小型学术项目研究，用英语完成学术论文写作；能够在项目研究和论文写作过程中，体验选题、调研、分析、写作及陈述等基本学术研究流程，体会尊重学术道德，砥砺思维能力，养成不盲从西方文化，独立批判性思考的习惯，以文化比较形式，向西方世界宣传介绍中华民族的伟大文化；掌握文献综述的写作目的、篇章结构、逻辑关系、修辞手法和体裁特征，能够写出一定篇幅的、符合学术规范的英语文献综述；掌握学术论文的篇章结构、逻辑关系、修辞手法和体裁特征，能够写出一定篇幅的、符合学术规范的英语学术论文。

4. 学术英语口头交流能力

能够运用合适的展示策略与技巧，利用多媒体展示技术，对相关学术文献的中心思想、重要细节、篇章结构、逻辑关系、修辞手法、体裁特征、作者意图、文化差异等，用英语进行口头描述、说明、解释和评析；能够运用合适的展示策略与技巧，利用多媒体展示技术，对本小组研究项目的背景、意义、目的、理论支持、相关研究、研究方法、步骤等内容，用英语进行口头描述、说明、解释、论证和评析；能够运用合适的展示策略与技巧，利用多媒体展示技术，对本小组研究项目的实施、结果、数据、分析、讨论、结论等内容，用英语进行口头描述、说明、解释、论证和评析；理解其他同学的课堂展示、项目研究报告等英语口笔语产出成果的中心思想、重要细节、篇章结构、逻辑关系和作者意图；能够针对其他同学的课堂展示、项目研究报告等英语口笔语产出成果中的内容，用英语提出思辨性的问题；能够针对其他同学的课堂展示、项目研究报告等英语口笔语产出成果，在内容组织与阐述、展示策略与技巧、语言运用、多媒体展示技术、非语言交流等方面，用英语进行描述性反馈；能够发现并纠正其他同学的课堂展示、项目研究报告等英语口笔语产出成果中较为典型、严重或明显的语言错误。

5. 综合素质

能够通过完成小型学术项目研究的选题等任务，展现"提出问题"的能力；能够通过完成文献综述、研究结果、研究结论等的写作与口头交流任务，展现"分析问题"与"解决问题"的能力；能够通过完成小型学术项目研究各项任务，展现逻辑思辨与批判性思维能力；能够通过完成各项课前任务与课后作业，展现自主学习的意识与习惯、方法与策略；能够通过完成小型学术项目研究，展现设计、规划、管理与执行的能力；能够通过以小组为单位完成小型学术项目研究，展现团队协作精神和协同能力；能够通过以小组为单位完成小型学术项目研究，展现一定的领导能力。

（三）"跨文化交流"课程

"跨文化交流"课程的总体目标是在提升语言能力的基础上培养学生跨文化沟通相关的知识、技能和情感、态度、价值观，为在校学习与将来的跨文化交流提供能力保障。"跨文化交流"系列课程思政建设与教学实践，以"跨文化交际""英语畅谈中国文化"以及"古典小说英文译介"等为例加以阐述。

"跨文化交际"课程旨在培养学生的跨文化意识、目标语和母语文化知识以及跨文化交际能力，并以此为基础，持续拓展英语综合应用能力。本课程内容涵盖跨文化交际相关理论、英语国家核心价值观、言语交际、非言语交际、国际商务礼仪及跨文化交际能力培养等内容。本课程可适应不同层次、不同专业全日制本科生学生的国际交流需求。

"英语畅谈中国文化"课程围绕文化这一主线，从文化主题出发讲述中国哲学、建筑、风俗、艺术等方面最具有代表性的内容，让学生充分领略和体验丰富的中国文化。课程配套有内容、形式均较为丰富的相应微课，使学生能在线上和线下、课内和课外，利用碎片化学习时间，对所学知识进行加强和整合。课程采用以产出为导向的项目教学模式，让学生查阅文献资料，开展自主学习，合作学习，通过完成一系列项目任务，在充分领悟中国文化精髓的同时，掌握其英文表达，从听说读写各方面提升英语综合应用能力，从而能在更大的舞台上积极传播中国智慧。

古典小说是中国文学的重要构成部分，也是我国传统文化的重要载体，其中蕴含着包罗万象的语言、文化信息，因此成为大学生人文素养教育不可或缺的组成部分，而其对外传播则构成中国文化走出去的重要内涵之一。"古典小说英文译介"课程旨在以几部经典作品为载体，通过对文本的阅读与阐释，在传播学与译介学视角下探讨其英译本的跨文化译介策略，探究中国文学走出去的有效路径。中国古典小说的阅读、翻译和英文译介研讨，有助于提高大学生综合人文素养，提高其双语应用与跨文化交流能力。

通过"跨文化交际"课程的学习，学生应当能够：

（1）理解并用英文阐述中国传统哲学视域中的世界观基础；

（2）了解、坚持并用英文阐述中国核心价值观；

（3）在形成他者文化意识的同时，提升自我文化意识；

（4）在与英语国家人士进行跨文化交际的过程中，坚持双向适应（two-way accommodation）原则和协商原则；

（5）在将跨文化交际视角转向英语国家的同时，也将视角转入中国内部，理解、尊重和欣赏国内其他少数民族的文化，并乐于与其他少数民族学生交往；

（6）认识到西方理论文化维度比较框架的不足，并利用中国传统文化的"和合观"解释文化差异与共通基础。

通过"英语畅谈中国文化"课程的学习，学生应当能够：

（1）用英语阐述中国哲学最具影响力的孔子和老子的思想；

（2）用英语介绍体现中国人审美情趣的服装、建筑；

（3）用英语讲述代表中国人生活方式的节日、美食、婚俗、中医中药等知识；

（4）用英语呈现标志中国思想艺术发展和成果的手工艺、绘画和戏剧；

（5）用英语介绍凝聚着中华文明的汉字及书法；

（6）用英语阐述中国文化现象背后的核心理念和带有文化共性的价值观；

（7）通过用英语介绍中国文化，展现文化认同和文化自信。

通过"古典小说英文译介"课程的学习，学生应当能够：

（1）通过阅读并理解有代表性的古典小说原文，展现人文素养与文学审美能力；

（2）通过赏析和批判中国古典小说英译本，探究中国古典小说海外传播规律，展现双语应用能力和跨文化交际能力；

（3）了解翻译与跨文化传播的基本内涵及其关系，认识译本传播的基本规律和特点，掌握古典小说对外传播的规律；

（4）通过文献梳理、阅读、评述和项目研究、课堂汇报，展现基本的学术研究能力以及分析、思考和解决问题的能力；

（5）通过对古典小说语言与文化两个维度英文译介的探究，客观认识中国语言文化的本质特征及其与目标语语言文化的本质差异，厘清传统文化及价值观的古今差异、中外差异；

（6）通过对中国语言文化走出去的研究，展现对祖国语言文化的热爱和文化自信。

二、教学策略与评价

（一）找准课程定位

跨文化教育英语类课程兼具工具性和人文性，基于"交互式"教学理念，强调"输出驱动"，强化思辨意识，实现语言技能、学科知识和课程思政彼此渗透、有机融合、协同发展。以英语国家文学、社会、文化、跨文化交际等知识性内容为依托，以英语语言应用能力为目标，将语言技能与文化知识相互渗透、有机结合，提高语言综合素养，培养适应现代社会需求的国际化人才。

大学英语课程首先是语言技能应用课程，教学中词汇、术语、句式、文体、修辞等语言知识的输入，各项阅读、视听、讨论、展示、写作等学习任务，都要求学生主动积累语言素材，再通过作业、论文、报告等形式实现对所学知识的从容输出。大学英语课程同时是人文教育课程，一方面重视相关知识输入，另一方面更强调培养学生思辨意识，鼓励课外的信息收集和课内的观点交锋砥砺，推动对知识的协商共筑，通过各项学习和课堂合作任务，实现"理实一体"。跨文化教育英语类课程强调思辨意识的培养，从了解碎片化的知识，逐步过渡到使用系统化的文学、文化、跨文化科研方法，对现象进行分析、综合和评估，并最终能够以批判性思维对不同文学、文化和社会内容，独立得出有理有据的个人判断和思考结论。

（二）明确课程任务

英语课程既要保证为学生提供大量的可理解性输入，更要以任务驱动的方式，为学生创造主动寻求知识盲点的机会，激发学习欲望，从教材教法各环节营造输出氛围，促使学生运用英语将输入的内容内化后转化为输出。信息搜索、文献归纳编译、分析综合、评价创作、课堂讨论、分组辩论、随堂口头汇报、小论文写作等个人和小组任务型活动，既强调学生个体在课前和课后的投入，也突出合作学习的重要性。课程还鼓励学生充分利用现代教育信息技术，在课内外与教师和学生同伴持续互动。

（三）开展线上线下混合式课程设计

传统课堂以教师讲解、学生内化知识为主要模式，在这个过程中，知识学习和内化是主要任务，但涉及的认知目标多为低层级目标，如识记与理解。教师在教学过程中占绝对主体地位。

翻转课堂要求学生课前学习，课上完成作业或任务，将学习的自主权交给学生，将知识的内化和吸收放到课前，课堂上发现和解决问题，颠覆了教师在教学过程中的绝对主体地位。基于课前学习的作业和任务能够及时暴露学生学习的问题与不足，提示并通过后续课堂教学加以解决，但翻转课堂实现的高阶认知目标依然很少，只不过将识记与理解放在了课前。

对分课堂的环节为讲授（Presentation）、内化吸收（Assimilation）和讨论（Discussion），操作时要把课堂时间分为两部分，一半时间学生讨论，另一半时间教师进行传统式讲授。每次上课先讨论上节课讲过的要点，后半部分时间用来讲授新知识，所以被称为"隔堂讨论"。基于内化吸收的讨论是对分课堂的特点，这样做的目的是防止学生的讨论过于发散而不够聚焦，也实现了部分高阶认知目标，如应用等。其缺点是其他高阶认知目标如分析、评价、创造等受到限制。

对于知识型课程而言，翻转课堂与对分课堂都比较有效，但也都存在无法满足高阶认知目标的需要。跨文化交流系列课程作为基于内容的语言课程，其总体目标是要培养学生的跨文化意识和能力，从认知目标分类的角度而言，大部分属于高阶认知（分析、综合、评价、创造等），因此需要在课程设计上采取融合翻转与对分的混合式课程（IDAAF），以满足认知需求：

（1）导入（Introduction）：教师通过提问、测试、案例、问卷调查导入本单元学习内容；

（2）课堂讨论（Discussion）：学生课前不需要预习（与对分课堂不同），课堂上进行有目的的讨论，讨论的结果是对相关概念的定义（评价与创造）；

（3）课后学习微课或阅读（Assimilation）：在课堂讨论的基础上，课后（线上或线下）学习和巩固相关概念（识记与理解）；

（4）任务（Assignment）：在课堂讨论和课后学习/阅读的基础上，完成任务（分析、评价、综合）；

（5）反馈（Feedback）：在课堂上就任务进行分析与讨论，完成一个学习闭环。

（四）教学评价要以形成性评价为主、终结性评价为辅

课程评价方式要突出学习过程的重要性，由形成性评价（不低于50%）和终结性评价（不超过50%）构成。形成性评价包括出勤、课堂参与讲演、作业笔记、报告、小论文和陈述等内容，终结性评价有题型包括选择题、判断题、论述题等的闭卷期末考试和以小组为单位完成研究项目期末书面报告等形式。

第二节　跨文化教育英语类课程思政教学设计案例

一、"英语国家文学"课程

以"亨利·朗费罗诗歌两首赏析"单元为案例。

（一）课程思政要点

（1）透过英语诗歌的韵律美感，体会诗人精神的现实意义；

（2）用英语表达为"进行伟大斗争、建设伟大工程、推进伟大事业、实现伟大梦想"而奋斗的意愿和决心。

（二）教学重难点

《人生颂》是19世纪美国诗人亨利·沃兹沃斯·朗费罗最著名的抒情诗之一。这首诗属于典型的教谕诗，以一位年轻人的口吻表达了诗人对人生的见解，以及如何认识生命的时间性，并指出人生的目标、道路在于行动和不断地自我超越，体现了朗费罗主张艺术应该鞭挞现实的诗学理念。另一首《箭与歌》是朗费罗歌颂友谊的短诗，其中"箭"与"歌"两种意象的使用成为诗歌的代表性成就。

讲授评价朗费罗两首诗歌时的难点是尾韵格和诗行韵律，要求学生认识和把握英语诗歌诗行中音节数。另外，两首诗歌虽然使用了较为直白朴质的语言，但意象语言的使用特点和分析手法，需要认真理解。

要提醒学生思考如何拥有充实、成功的人生。朗费罗在《人生颂》里将人生比作战场，激励年轻人乐观向上、勇往直前、乐于奉献，才会无愧于此生。要求学生认真学习习总书记关于"只有奋斗的人生才是幸福的人生"讲话的深刻内涵。

（三）教学内容、过程与方法

要求学生课前预习单元诗歌内容时认真学习并讨论习近平总书记对人生的重要论述：只有奋斗的人生才称得上幸福的人生。奋斗是艰辛的，艰难困苦、玉汝于成，没有艰辛就不是真正的奋斗，我们要勇于在艰苦奋斗中净化灵魂、磨砺意志、坚定信念。奋斗是长期的，前人栽树、后人乘凉，伟大事业需要几代人、十几代人、几十代人持续奋斗。奋斗是曲折的，"为有牺牲多壮志，敢教日月换新天"，要奋斗就会有牺牲，我们要始终发扬大无畏精神和无私奉献精神。奋斗者是精神最为富足的人，也是最懂得幸福、最享受幸福的人。新时代是奋斗者的时代。我们要坚持把人民对美好生活的向往作为我们的奋斗目标，始终为人民不懈奋斗、同人民一起奋斗，切实把奋斗精神贯彻到进行伟大斗争、建设伟大工程、推进伟大事业、实现伟大梦想全过程，形成竞相奋斗、团结奋斗的生动局面。[①]要求学生从《人生颂》中摘取与习总书记重要讲话思想相近的诗句，看诗人是如何论述乐观主义、珍惜时间、青年人的奋斗激情等方面的内容。

课堂教学主要讨论这两首充满正能量的诗歌作品中对青春、人生、理想和斗志的颂扬，引导青年学生树立积极的人生观和价值观，培养学生对人生、友谊等的正确、积极的认识。

除了分析解读诗歌韵律，还通过录音欣赏、模仿朗诵等方式，领略英语诗歌韵律带来的美感，认识韵律在诗人精神表达中的重要作用。

讨论诗歌知识时要注意学生对诗歌的意象和主题的准确理解，同时要关注学生在评论诗歌的过程中使用的例证是否准确恰当，比如有些学生对英语诗歌中意

---

① 臧克家. 毛泽东诗词鉴赏 修订本 [M]. 石家庄：河北人民出版社，2012.

象的理解出现了偏差,很难理解"The Arrow and the Song"中的"arrow"和"song"意象所包含的喻体与本体之间的关系。要提醒学生我们或可将诗歌中的"箭"理解为一去不返的时光,将"歌"理解为朋友之间的友谊,友谊会在时光的流逝中愈发可贵。诗人在诗歌第一小节中表现了箭的意象,以自己眼睛无力捕捉飞箭的踪影来衬托一种潜在的无奈心境。第二小节中,诗人以吐出一支歌来代替第一小节中射出的箭,意象显然进一步内化,因为歌声来自歌者的内心。然而,歌的飞扬更是眼光无法追随的,无奈的心境进一步加重。诗人用保留在朋友心间的歌声来象征"我"与朋友之间长存的友谊,并未直接点明主题,而是让读者去细心体会,体现了诗歌含蓄的特点。该诗的含蓄性还表现在它对多层次比喻修辞法的运用上,"歌"既作为本体存在,又作为喻体存在,表现出诗歌语言的丰富性与复杂性。

(四)教学成效与反思

所有学生都完全准确地背诵了两首诗歌,背诵对学生更加深入理解诗歌词句有重要作用。在讨论中,两首诗歌所包含的对人生和友谊的理解,也是同学们热议的焦点。大家纷纷表达在新时代每个人应该具有的精神风貌,和在面对人生磨难和考验时如何积极应对。大多数学生喜欢《人生颂》中慷慨激昂的诗句,尤其是其中乐观、积极、斗志昂扬的情绪。同学们还表达出这首诗对自己理想和情怀的影响。有同学直接引用诗歌中的原句,指出人生不能碌碌无为,而应该在生命的"沙滩上留下足迹""在世界的战场上和人生的营地中,不要做沉默的、任人驱赶的牲口,而是要做人生战斗的英雄"。诗歌引发学生对人生的深刻思考,这是诗歌特有的一种力量。同学们认真学习习总书记的讲话后,认识到人生的意义更要与"人民""奉献""奋斗"相结合,只有将有限的生命投身于无限的为人民服务的事业中的人生,才是有价值的人生。

在学习朗费罗的诗歌时,要特别注意提醒学生认识到,由于朗费罗生活的时代和他个人的生活经历等原因,其人生观还是具有很大的局限性。这也是在英语国家文学类课程讨论作者、作品和思想内容时都应该注意的问题。

二、"英语国家社会与文化"课程

（一）"美国社会与文化"课程

以"美国移民"单元为案例。

1. 课程思政要点

（1）用英语探究美国移民历史和政策演变，了解背后的政治、经济和种族问题，提升历史思维、系统思维和辩证思维能力；

（2）用英语开展小型学术研究，培养提出问题、分析问题和解决问题的能力；以小组为单位进行课内外学习，展现自主学习和团队协作能力。

2. 教学重难点

"美国移民"单元在英语学习方面的重难点包括：（1）依托各项教学活动与任务的完成，提升学生英语口语表达能力；（2）以内容为依托，实现文化内容与语言教学的有机融合，扩展学生知识面；（3）要求学生阅读国际学术期刊相关研究论文，保证语言输入量足质优；（4）要求学生运用所学知识内容，用英语撰写内容恰当、格式规范的课程论文。

在课程思政方面，需要：（1）引导学生综合分析美国不同时期移民来源国的推力因素和美国的拉力因素，通过对移民群体生活状况的关注，培养学生的人道主义精神，充分认识移民与人类命运共同体构建之间的关系；（2）分析美国不同时期的移民政策和相关法律，帮助学生思考并正确认识美国移民政策演变背后的政治、经济和种族等问题，增强综合分析能力。

3. 教学内容、过程与方法

在讨论美国移民群体之前，需要完成两个铺垫性任务：一是帮助学生理解为什么美国被称作是"a nation of immigrants"（移民国家），特别需要帮助学生理解 illegal immigrants（非法移民）与 undocumented immigrants（无证移民）这两种移民称谓背后所折射出的说话人，特别是美国政客对非法移民的情感与态度；二是作为单元话题的引入，需要组织讨论通常情况下促成移民的两大因素，即（push factors（推动因素）和 pull factors（拉动因素），作为后续教学的分析框架。

第一次移民浪潮中的爱尔兰移民群体是本讲重点，学生需要充分理解促成移民的因素。教师可以通过漫画、音乐、文字材料等多模态素材，组织学生进行小组学习，探索发现作为白人的爱尔兰人在到达日夜憧憬的"人间天堂"美国之后，却被看作 white negroes（白人黑人），过着悲惨生活的历史事实，同时组织学生讨论探索爱尔兰移民在美国受歧视的主要原因，以此揭示导致当时美国主流社会对移民形成偏见和刻板印象的种族、宗教、政治、经济等几大主要因素。

第一讲的课后作业要求运用教材和阅读材料中的地道英语组织观点，归纳表达促成爱尔兰人移民美国和受到美国主流社会歧视的主要因素。鼓励学有余力的学生查找阅读文献，探索 Irish Americans（爱尔兰阿默坎语）如何成功融入美国主流社会，发现爱尔兰移民坚韧不拔、在逆境中求生存的可贵品质，为期末论文撰写做前期准备。

第二讲学习有关德裔移民的情况，除采用上一讲的教学框架外，还要求学生阅读英语学术期刊论文，综合分析移民来源身份、在美国的人口分布特征、生活状况以及移民群体与美国主流社会的关系等。

课后作业要求思考并比较同为第一次移民浪潮两大移民群体的 German immigrants（德国移民）和 Irish immigrants（爱尔兰移民）的异同，运用比较写作手法，归纳要点，提供具体事实证据，继续为期末论文撰做准备。

第三讲的教学重点为第二次移民浪潮。主要通过问题诱导和比较法，帮助学生弄清两次移民浪潮来源国的变化，然后以 Italian immigrants（意大利移民）为例，分析此次移民浪潮特点，理解美国 1924 年推出的移民法案中对不同来源国移民实行的歧视性政策及其原因。

另一重点是第三次移民浪潮。通过比较三次移民浪潮来源国地理信息，发现第三次移民浪潮移民来源国的变化。在激发学生探索欲之后，"趁热打铁"组织学生结合教材和学术论文如 [Our Evolving Immigration Policy（我们不断演变的移民政策）] 内容，找出并讨论 1965 年移民法案相较于 1924 年移民法案的重大变化，理解并阐述 1965 年移民法案出台的历史背景，以及对未来移民人口结构的影响。

课程要求各小组课后继续探讨相关内容，并以小组为单位提交书面总结。课后小组活动，既有助于归纳整理内容知识，也有利于将教材、论文中的英文表达学以致用，同时培养学生共同学习、共同进步、互帮互助的团队合作精神，形成学习共同体。并将小组活动任务的完成质量纳入过程性评价。

4. 教学成效与反思

通过学习和了解美国移民的经历和遭遇，学生深刻地感受到偏见和刻板印象给美国移民带来的巨大痛苦与伤害，深刻认识到世界文化多样性的背景下，只有相互尊重、相互包容，才能造就国际社会的和谐。同时通过分析美国移民政策出台背景、法案制订背后的动机及其演变过程，学生也充分认识到美国自由女神像底座诗句的欺骗性。课程内容丰富，而且音乐、地图、漫画、文本等多模态呈现形式，能够让学生始终保持对教学内容和教学活动的积极关注和有效参与。线上讨论是一种有效的课后互动学习形式。首先，教师布置的任务经过分解和细化，问题比较具体明确，便于学生聚焦讨论；其次，教师对学生语言和观点的评价与反馈更及时、更具个性、更具针对性，不仅更有效地提高学生的语言产出能力，同时使学生感受更强的"受关注感"；再次，不同于课堂发言，在线讨论留有痕迹，具有无形的强制性，杜绝"蒙混过关"的想法，为学习任务的完成提供有效保障。

学生对美国社会与文化很感兴趣，而"美国移民"作为课程一个重要的单元，内容涉及美国以及世界其他移民来源国历史、文化、宗教、经济等方面，具有综合性和发散性特征，知识和语言盲区较多，对学生具有一定的挑战性，理工科学生尤甚。因此教师应该通过讲解引导、文献阅读、课堂讨论、课外探索等活动，帮助学生对美国历史上的三次移民浪潮、移民政策演化等形成比较清楚的认识。必要时还要选取适合学生的有效学习材料，在课前、课后进行"补课"。同时如何对学生进行分组，使背景知识不同的学生合理混搭，需要教师提前对学生个体知识和能力水平做到心中有数。

（二）"英国社会与文化"课程

下文主要以"教育"单元为案例介绍"英国社会与文化"课程。

1. 课程思政要点

（1）用英语了解英国教育发展历史与现状，客观对比中英教育，增强道路自信、制度自信和文化自信；

（2）用英语探讨教育教学改革宗旨与路径，表达投身或支持中国教育事业发展的意愿和决心。

2. 教学重难点

教学重点是了解英国在全世界享有盛誉的教育体系是经历长达数个世纪的改革和发展，才变成今天相对成熟、高效、严苛、灵活的状态，难点在于英国教育体系和教学方式、内容等要素与中国很不相同，需要通过定量的阅读、视听等输入和口语输出检查，保证学生对英国教育体系的基本理解，为进行中英教育对比做好铺垫和准备。

3. 教学内容、过程与方法

要求学生课前预习教材有关英国教育体系内容，结合通过网络、图书馆收集的资源信息，以小组为单位准备课堂展示、详细讲解相关内容，实践翻转课堂学习方式。讲解需要有一定的侧重点，并需要与小组研究项目主题相关。小组课堂展示、提问、互评等情况，作为课堂表现记入平时成绩。教师点评总结，补充信息，使本章知识性内容的学习更加完整。

英国教育工作者认为英国学生在国际上的竞争力越来越小，特别是数学，和别国差距越来越大。事实上，在经济合作与发展组织举办的"国际学生评估项目"测试中，上海高中生连续两年获得榜首，而英国学生却一再排在二十五名之外。BBC 纪录片 "Chinese School"（中文学校）介绍了五位中国教师前往位于英国汉普郡的公立学校博航特中学，完全按照中国模式对学生进行为期一个月的教学的情况，力求真实展现教学过程。学生课前观看此片，结合自己的高中学习生活体验，参加对比中英教育差异的课堂讨论，同时更好地了解中国教育的成功之处。

除了片中内容上的差异，此片剪辑的特征、片中大量展现的师生间冲突现象、拍摄此片的背景和用意、一部纪录片是否就足以改变英国的教育模式等，也值得引导学生站在局外的，更广的角度加以批判性的思考。

4. 教学成效与反思

学生对于英国教育的了解可能仅限于牛津、剑桥等名校，误以为英国的教育体制是完美的，各个阶层的教育都是质量很高的。事实上，英国对于教育体制的优劣、教育机会的平等、教育质量的担忧、由此带来的阶层固化等问题的争论已经长达几十年。有关英国教育单元内容的教学，要引导学生从历史、社会、制度等根本性问题上，既肯定英国教育的优势所在，又理解英国教育面临的问题和挑战，从而对比和反思中国教育体系中的优势和劣势。对于有留学计划的同学，除了帮助学生更全面、更思辨地看待西方国家的教育体系，还要注意引发其刻苦学习、学成归国的意愿。

通过对比分析，学生了解到中国在教育发展方面的努力和巨大成就，增强道路自信、制度自信和文化自信。

三、"跨文化交流"课程

（一）"英语畅谈中国文化"课程

下文主要以"传统中医"单元为案例介绍"英语畅谈中国文化"课程。

1. 课程思政要点

（1）用英语学习中医知识，了解中华优秀传统文化，培育文化自信；

（2）用英语阐述中医价值，表达传播中华优秀传统文化的意愿与决心。

2. 教学重难点

介绍中国传统医学时我们遇到的最大难点并非语言问题，常见的中医术语都有其固定的英语翻译，学生掌握起来并不难，难的是对中医所蕴含的中国文化理念的理解，如"藏象学说""邪气入侵""药膳原理"等。大部分同学从未接触过中医，仅有的一点零碎的中医知识也大多来自家中长辈的就医经历，对中医的态度要么中立、要么持有怀疑，真正了解并支持中医的学生寥寥无几。我们的教学重点就应该落实到如何帮助学生正确地了解中医"医哲结合"的特点，以及中医类推的逻辑性，改变学生对传统中医的看法。

3. 教学内容、过程与方法

课前布置学生自学课文，并查找中英文资料，了解课文中藏象学说、经络、气、五行相生相克等基本概念。此外，还要求学生准备简单的演讲，谈谈自己或是家人看中医的经历。课堂活动除教师提问以核查学生预习情况、讲解归纳中医基本知识外，还组织交流分享就医经历，着重讨论课文中梁启超有关中医"可以意会，难以言传"是中医的弊端而非魅力的论断。屠呦呦发现青蒿素，中成药在对抗新冠疫情中发挥的作用等，则为思辨讨论提供生动鲜活的例子，有助于引导学生树立对中医的信心。课后要求学生制作简短的演讲视频，用英语介绍中医的发展历史、主要理念和诊疗手段，发表自己对中医的看法，将优秀作业上传至在线学习平台分享。

4. 教学成效与反思

通过学习，学生普遍对中医有了较为系统的认识，对中医的态度也大多转变成理解并给予支持。但是，大家对于中医如何与时俱进，中医是否需要西医化，如何留住中医人才等问题的看法不尽相同。尽管如此，学生们都表示乐于并有自信使用英语让世界上更多的人了解中医，体会中国文化的魅力。

类似的情况虽然也出现在有关中国传统服饰介绍的单元，比如学生对中国传统服饰的认知大多来自古装电影或连续剧，对于中国传统服饰的起源及演变过程了解不多，但在组织课前预习、课堂教学与讨论、课后英语小论文写作等活动后，学生基本掌握了介绍中国传统服饰的相关英语语言知识，也能够较为深入地介绍具有代表性的中国传统服饰的特点。其中一个有意思的现象是，选择旗袍和选择汉服的人数比例，从最初旗鼓相当，慢慢发展到越来越多的当代大学生接受并推崇汉服，有不少学生甚至穿着汉服来到英语课堂，用英语宣讲中国传统服饰文化，身体力行地推广中华优秀传统文化。

（二）"古典小说英文译介"课程

下文主要以"《红楼梦》主题词'红'字英译"单元为案例介绍"古典小说英文译介"课程。

1. 课程思政要点

（1）阅读古典小说文本，提高古典文学修养，增强民族认同和文化自信；

（2）用英语学习古典小说译介策略，体会中西语言文化差异，增强传播中国文化能力。

2. 教学重难点

本讲要求学生熟知古典小说具有代表性的主题词（如"红""情""风月"等）及其译介策略。具体而言，要了解"红"这一主题词在小说叙事中的象征意义及文化内涵，系统认识"红色"在中国传统及现代文化中的内涵，辨析古今差异与中外差异，正确认识中国红色文化的内涵，了解其英译中存在的问题或英译曲解，熟知"红"和英语"red"之间的异同，并能就其不同翻译方法发表自己的观点，论证其合理性或改进策略。重难点在于"红"字在作品中的象征意义；"红"字译成英语时的对应项；国尚红文化的根由；中西文化差异造成的英译困难以及解决方案。

3. 教学内容、过程与方法

学生预习时阅读精选的《红楼梦》文本和与"红"字英译研究相关的文献等指定材料，需要思辨的问题为：鉴于"red"在英语中含有"血腥、暴力、死亡"等含义，"红"字英译是否必须避开"red"这个词，而改为其他，如"怡红公子"是该译为"Green Boy"，还是保留原文的"尚红"意义？

课堂讲授时通过提问和在线测试，检查文献阅读情况，导读文献和文本，讲授与"红"相关的知识点，导入研讨话题。

提前两周做好准备的小组学生进行课堂展示后，要及时组织师生互动和研讨，比如鼓励就"红"是否应该对应英语的"green"以表达"青春和快乐"这一层含义进行争论，同时延伸探讨至现代中国的红色文化及其可译性限度。

4. 教学成效与反思

学生通过文献资料阅读和项目研究实践，能够基本厘清"红"与"red"的异同，对红色主题的翻译方法有了一定的了解；文献阅读也促使他们掌握最基本的研究方法。随着课程的进展，学生除更加熟知古典小说中的语言文化外，对相关领域的兴趣也不断提高，并且一定程度上增强了文化自信和民族自豪感。除语言维度，课程也关注如"称谓文化译介"之类的"文化维度"。由于社会文化的巨大差异，汉语和英语的亲属称谓语存在不对应的现象，这一点给汉英翻译造成实际困难。尤其是古典小说中，存在很多难以尽释的现象，比如看似普通的"嫂子""姐姐""奶奶""太太"等，在英语中实际很难知道符合语境的对应项。此外，现在的学生独生子女多其本身对于复杂的亲属关系就很困惑，不少学生已经搞不清"姑奶奶"和"舅老爷"分别是谁。学生需要能够通过大量阅读和文献梳理，充分了解古典小说中的称谓特征，厘清古今差异与中外差异；通过汉英称谓语所反映出的社会文化差异对比，探究古典小说称谓语的英译策略。教师要求学生预习阅读相关材料（包括古典小说汉英文本节选和相关研究论文）时思考一个简单的问题：汉语的"姐姐"和英语的"sister"之间存在多大比例的语义对应关系？有汇报小组以《姐姐长姐姐短：试论〈红楼梦〉中"姐姐"一词的英译失误》为题进行课堂展示，大胆指出两个 120 全译本中对"姐姐"一词传译不到位之处，其观点大多都站得住脚。教师点评重点指出学生观点偏颇之处，比如英语中的"older sister"主要用于说明长幼，其本身不含有明显的敬意，因此并不对应汉语的"姐姐"等。之后师生互动研讨最激烈的内容，延伸到传统文化尊卑观念的延续、兄弟姐妹称谓语中的中西差异等。

  当然从整体来看，学生古典小说的阅读情况还是堪忧，《红楼梦》等四大名著的阅读普及率很低，一定程度上反映出当代大学生经典阅读的不足，应当引起我们的重视。利用各种奖惩激励手段，能够在一定程度上促使学生认真对待古典文学文本和译本阅读以及汇报、讨论等任务，对双语文化素养、跨文化交际能力与思辨能力均有较为显著的提高。但由于班级人数较多，有效监督依然存在挑战；课堂讨论则由于能够发言的人数受到班级规模的限制，很大程度上制约了课堂研讨的深度和广度。此外，古典文学本身具有一定的时代特征，也同当代学生的文学和文化审美存在一定差距，如何选取有效的视角和内涵来吸引他们的注意力，是另一个在教学设计时需要思考的方面。

参考文献

[1] 陈菲菲. 把握课程内涵，探索课堂变革 [M]. 昆明：云南大学出版社，2021.

[2] 王永祥，朱有义. 主体间性教学模式视阈下的大学英语教学改革 [M]. 苏州：苏州大学出版社，2020.

[3] 赵长林，王桂清，李友雨. 大学课程与教学研究 [M]. 北京：北京理工大学出版社，2020.

[4] 卢敏. 中国英语教师教育研究 [M]. 武汉：武汉大学出版社，2019.

[5] 余莉. 实用交际英语口语实训教程 [M]. 重庆：重庆大学出版社，2021.

[6] 朱光好. 中国文化与大学英语教育融合研究 [M]. 北京：北京交通大学出版社，2020.

[7] 吕晓萍，赵冬，曾宪迪. 高等职业教育十四五规划教材新时代实用英语（第1册，课程思政版）[M]. 北京：中国农业出版社，2021.

[8] 卢敏，陈怡均，霍红宇. 美国文学经典研读 [M]. 武汉：武汉大学出版社，2021.

[9] 文旭，徐天虹. 外语教育中的课程思政探索 [M]. 重庆：西南师范大学出版社，2021.

[10] 王小海. 西方社会与文化 思政版 英文版 [M]. 南京：南京大学出版社，2021.

[11] 周冬梅. 基于大学英语课程思政多模态语料库的应用研究 [J]. 海外英语，2023（06）：105-107.

[12] 朱婧. "课程思政"视域下高职公共英语教师专业发展与提升路径 [J]. 海外英语，2023（06）：238-240.

[13] 李察. 文化自信视域下高职英语课程之思政育人路径 [J]. 英语广场，2023（09）：93-96.

[14] 徐欣烨. 基于教材的大学英语课程思政内容建设和资源开发探索 [J]. 英语广场，2023（09）：121-124.

[15] 杨波. 大学英语课程思政教学的困境与实施路径探究 [J]. 白城师范学院学报，2023，37（01）：125-128.

[16] 谭玉梅. "学术英语视听说"课程思政实施框架构建 [J]. 重庆电子工程职业学院学报，2023，32（01）：86-92.

[17] 杨少双. 新时代高职公共英语课程思政探析 [J]. 辽宁高职学报，2023，25（02）：65-69.

[18] 王红. 语言文化对比视角下的大学英语课程思政路径研究 [J]. 科学咨询（教育科研），2023（02）：138-140.

[19] 杨杰，于航. 产出导向理念下的英语听说课程思政探究 [J]. 理论观察，2023（02）：153-156.

[20] 葛小伍. 大学英语课程思政探析 [J]. 延边教育学院学报，2023，37（01）：104-106.

[21] 徐文琴. 课程思政在高中英语阅读教学中的应用研究 [D]. 南昌：江西科技师范大学，2022.

[22] 蔡丽君. 高考英语阅读测试中的课程思政理念研究 [D]. 桂林：广西师范大学，2022.

[23] 孙静. 多元读写模式在高中英语课程思政教学中的应用研究 [D]. 聊城：聊城大学，2022.

[24] 王启梦. 课程思政理念在高中英语教学中的调查研究 [D]. 哈尔滨：哈尔滨师范大学，2022.

[25] 杨薇. 课程思政背景下中职英语教学策略研究 [D]. 重庆：西南大学，2021.

[26] 易扬. 融合课程思政的中职英语教学模式对学生英语核心素养影响的研究 [D]. 昆明：云南师范大学，2021.

[27] 谭可昕. 课程思政在高中英语教学中的应用 [D]. 大连：辽宁师范大学，2021.

[28] 郑荣晖. 高中英语文化教学中的课程思政情况调查研究 [D]. 西安：西安外国语大学，2021.

[29] 闫潇. 新时代背景下高校英语教师课程思政认知探究 [D]. 西安：西安外国语大学，2021.

[30] 刘云霞. 高职院校行业英语课程思政的对策研究 [D]. 石家庄：河北师范大学，2020.